Andrei Inoue Hirata

Desenvolvendo Games Com Unity 3D 3.0

Space Invasion

Construa um jogo no estilo arcade, controlando uma nave espacial e destruindo os asteroides

Desenvolvendo Games em Unity 3D 3.0 - Space Invasion - Construa um jogo no estilo arcade, controlando uma nave espacial e destruindo os asteroides

Copyright© Editora Ciência Moderna Ltda., 2011.
Todos os direitos para a língua portuguesa reservados pela EDITORA CIÊNCIA MODERNA LTDA.
De acordo com a Lei 9.610, de 19/2/1998, nenhuma parte deste livro poderá ser reproduzida, transmitida e gravada, por qualquer meio eletrônico, mecânico, por fotocópia e outros, sem a prévia autorização, por escrito, da Editora.

Editor: Paulo André P. Marques
Supervisão Editorial: Aline Vieira Marques
Copidesque: Nancy Juozapavicius
Capa: Paulo Vermelho
Diagramação: Janaína Salgueiro
Assistente Editorial: Vanessa Motta

Várias **Marcas Registradas** aparecem no decorrer deste livro. Mais do que simplesmente listar esses nomes e informar quem possui seus direitos de exploração, ou ainda imprimir os logotipos das mesmas, o editor declara estar utilizando tais nomes apenas para fins editoriais, em benefício exclusivo do dono da Marca Registrada, sem intenção de infringir as regras de sua utilização. Qualquer semelhança em nomes próprios e acontecimentos será mera coincidência.

FICHA CATALOGRÁFICA

HIRATA, Andrei Inoue.
Desenvolvendo Games em Unity 3D 3.0 - Space Invasion - Construa um jogo no estilo arcade, controlando uma nave espacial e destruindo os asteroides
Rio de Janeiro: Editora Ciência Moderna Ltda., 2011

1. Informática. Linguagem de programação.
I — Título

ISBN: 978-85-399-0060-2   CDD 001.642
                                                 005.133

Editora Ciência Moderna Ltda.
R. Alice Figueiredo, 46 – Riachuelo
Rio de Janeiro, RJ – Brasil   CEP: 20.950-150
Tel: (21) 2201-6662 / Fax: (21) 2201-6896
LCM@LCM.COM.BR
WWW.LCM.COM.BR

DEDICATÓRIA

Primeiramente, dedico este trabalho aos meus pais, Ynácio Akira Hirata e Glorinha Inoue Hirata, pelo imenso apoio na realização deste trabalho.

Dedico ainda a todos aqueles que acreditaram na consecução desta obra, dando-me força e motivação.

AGRADECIMENTOS

Agradeço a Deus, primeiramente, por ter me permitido abraçar grandes conquistas, como a realização deste trabalho.

Agradeço também à Editora Ciência Moderna pela oportunidade de publicar meu livro.

Por fim, agradeço aos meus alunos, que muito me incentivaram com novas ideias para o desenvolvimento desta obra.

Prefácio

O "Desenvolvendo Games com Unity 3D-Space Invasion" é um livro no qual o leitor pode encontrar todas as ferramentas necessárias para a criação de um jogo no estilo arcade, semelhante àqueles jogos de espaço no modelo *2.5D* referentes a uma aeronave espacial que deverá ser controlada com a missão de destruir o máximo de asteroides possíveis a fim de impedir que o planeta Terra seja atingido.

Por sua vez, o presente trabalho não tenta ser um guia completo de todos os recursos oferecidos pela engine *Unity 3D*; seu grande propósito é orientar os leitores, por meio de recursos suficientes, na criação de qualquer tipo de jogo, já que muitas vezes são encontrados diversos livros e tutoriais que comportam várias ferramentas e recursos, mas que não explicam a conexão entre eles.

Esta obra, portanto, procura demonstrar que com o mínimo de conhecimento técnico em programação *C#* bem como na utilização da engine *Unity 3D*, ferramentas de modelagens 3D e edição de sons e imagens, pode-se conseguir resultados satisfatórios. Tudo dependerá da paciência e do interesse do leitor.

Nesta série, o jogo será desenvolvido com base na linguagem C# *ou C Sharp que consiste em uma linguagem de programação orientada a objetos desenvolvida pela Microsoft como parte da plataforma NET. A sintaxe dessa linguagem teve como suporte o C++, porém inclui muita influência de outras linguagens de programação, como Delphi e Java*).

É de todo oportuno frisar que, neste momento, talvez surjam dúvidas a respeito do uso do *C#* em vez do *Java Script*. Na verdade, não existe um motivo especial na escolha da linguagem C#, pois ambas apresentam a mesma função, de modo que a utilização do C# em detrimento do Java Script se deu por causa de um longo trabalho já realizado com a linguagem *Java* e, por isso, pareceu-me mais interessante poder trabalhar com *o C#* para fins de um maior aperfeiçoamento técnico.

Space Invasion será o nome do jogo e nele o desafio será destruir os asteroides lançados por alienígenas a fim de provocar a destruição da raça humana.

Para um usuário já experiente no manejo da linguagem *C#*, o único requisito para se alcançar melhores resultados no desenvolvimento do jogo seria adquirir um pouco de conhecimento da engine *Unity 3D*. No entanto, caso não se tenha nenhum conhecimento a respeito, será possível obter informações sobre essa engine por meio de uma revisão constante do próprio livro.

Em relação às ferramentas e suas finalidades há de se destacar que serão empregadas a *Unity 3D*; a *Visual Studio 2010 Ultimate*, para programação, sendo possível a utilização do *Visual Studio Express Edition*; o *3D Studio Max* para fins de modelagem; o *Gimp* na criação de cenários e imagens e, por fim, o *SXFR - Sound Effects Generator* para a produção dos efeitos sonoros.

Posto isso, é bom lembrá-los de salvar o projeto durante a sua realização, apesar de saber que isso já é de praxe.

Sumário

Dedicatória..**III**

Agradecimentos..**V**

Prefácio..**VII**

Recurso Necessário...**XIII**

    Software XIII
    Hardware...XIII

Capítulo 1 ....**1**

Introdução...**1**

  1 Introdução..**3**

    1.1 Programas Auxiliares...4
    1.2 Preparando seu Ambiente de Trabalho.................................4
      1.2.1 Unity 3D...5
      1.2.2 Obtendo e Instalando o Unity 3D 5

Capítulo 2 ....**11**

Conceitos Iniciais..**11**

  2 Conceitos Iniciais **13**

    2.1 Interface...13
      2.1.1 Project View (Visão de Projeto) 14
      2.1.2 Hierarchy View (Visão de Hierarquia).........................16
      2.1.3 Inspector View (Visão de Inspeção)..............................17
      2.1.4 Scene View (Visão da Cena)...18
      2.1.5 Game View(Visão do Jogo) 19
      2.1.6 Menu Topo...20
      2.1.7 Posicionamento de Objetos..21
      2.1.8 Barra de Status 21
      2.1.9 Console...21

2.2 Sistema de Coordenadas 3D 22

2.2.1. O Plano Cartesiano 22
2.2.2. Coordenadas Locais e Globais 24
2.2.3. Vetores 24
2.2.4. Quaterniões e Rotações 25
2.2.5. Renderização 25
2.2.6. Câmeras 26
2.2.7. Representação de Formas 26
2.2.8. Materiais 27
2.3. Física 27
2.3.1. Corpos Rígidos 27
2.3.2. Detecção de Colisão 27

Capítulo 3 29

Desenvolvimento do Jogo 29

3 Desenvolvimento do Jogo 31

3.1 Criação do Projeto 31
3.2 Criação do Jogador 36
3.3 Criação do Script do Jogador 39
3.4 Criação do Projétil de Fogo 48
3.5 Criação do Script do Projétil de Fogo 50
3.6 Lançamento do Projétil de Fogo 54
3.7 Adicionando Som ao Game 56
3.8 Criação do Inimigo 58
3.9 Criação do Script do Inimigo 59
3.10 Colisão do Projétil 63
3.11 Efeito de Explosão 71
3.12 Colocando a Explosão para Funcionar 73
3.13 Uma Tela para Pontuação e para Vida 76
3.14 Colocando a Pontuação para Funcionar 77
3.15 Destruindo o Jogador 78
3.16 Incrementando os Asteróides que não foram Destruídos 83
3.17 Desenvolvendo o Menu Principal do Jogo 85
3.18 Desenvolvendo a Cena LoseScene 90
3.19 Desenvolvendo a Cena WinScene 93
3.20 Plano de Fundo para as Scenes 94

3.21 Criando um Fundo que dará Impressão de Movimento 99
3.22 Melhorando o Jogador 105
3.23 Melhorando o Inimigo 112
3.24 Melhorando os Efeitos da Nave 119
3.25 Aumentando Dificuldade no Jogo 123
3.26 Adicionando Música no Jogo 124
3.27 Adicionando um Segundo Projétil ao Jogador 125

Capítulo 4 .... **131**

Exportação do jogo **131**
    4 Exportação do Jogo **133**
        4.1 Exportando o Jogo 133

Capítulo 5 .... **137**

Apêndice **137**
    5 Apêndice **139**
        5.1 Site sobre Computação Gráfica 139
        5.2 Sites sobre Unity 3D 139
        5.3 Referências Bibliográficas 139

Capítulo 6 .... **141**

Listagem **141**
    6. Listagem **143**
        6.1 Listagem de Figuras 143
        6.2 Listagem de Código 147

Recurso Necessário

Software

Windows XP SP2 ou superior

Mac Os X Tiger 10.4 ou superior

Unity 3D 2.6.1

Hardware

Pentium 3 , 1ghz de processamento.

Memória de 1Gb

Placa de vídeo aceleradora 64Mb no mínimo

Hardware e Software utilizado no desenvolvimento pelo autor

Windows 7 64 bits

Unity 3D 3.0.0f

Memória 4Gb DDR 2 667

Placa de vídeo ATI HD3200 320Mega Dedicado

Nota: A configuração depende da complexidade do projeto. Para o desenvolvimento do jogo proposto a configuração fornecida em Hardware é suficiente para utilizar a engine *Unity 3D*.

Capítulo 1
Introdução

1 Introdução

Trabalhar com desenvolvimento de jogos não é uma tarefa fácil. Diversas habilidades, de diferentes áreas de conhecimento são necessárias neste processo. Entretanto, ao redor do mundo, muitas empresas já criaram diversas ferramentas que auxiliam nessa tarefa, gerando o que chamamos de engine ou motor gráfico.

Em linhas gerais, uma engine é um programa de computador e/ou um conjunto de bibliotecas para simplificar e abstrair o desenvolvimento de jogos ou outras aplicações envolvendo gráficos em tempo real. Geralmente uma engine inclui um motor gráfico para renderizar gráficos 2D e/ou 3D , um motor de física para simular a física ou simplesmente fazer detecção de colisão, suporte a animações, sons, networking, inteligência artificial, gerenciamento de arquivos e recursos da máquina e uma linguagem de script.

Pode ocorrer que os leitores não consigam criar uma funcionalidade semelhante a do livro ou corrigir os erros cometidos na programação. Se subsistir uma dessas situações, não deve servir como motivo para frustrações, pois representa consequências naturals em face do dificultoso processo de desenvolvimento de um jogo, consoante restou demonstrado.

Com o tempo, os leitores encontrarão menos dificuldades para a criação do jogo, atingindo melhores resultados, pois já terão absorvido grande parte do conhecimento necessário ao desenvolvimento de um jogo.

Outra importante ressalta é que a versão gratuita da engine não permite o desenvolvimento para *iphone, Ipad, Android,Nintendo Wii*, Xbox360 e Playstation 3, apenas para *Windows, Mac* e para internet. As versões *Iphone* e *Ipad* só poderão ser utilizadas com o sistema *Mac* instalado em sua máquina, uma vez que o SDK do *iphone* só funciona em ambiente Mac.

Por fim, o conteúdo deste trabalho trará uma bagagem de conhecimentos que auxiliarão no desenvolvimento do jogo, sendo totalmente proveitoso aos leitores para futuros projetos.

Continuarei a desenvolver outros projetos de games, e quando estiver terminada a documentação, pretendo expor em novas publicações desta mesma linha ou, quem sabe, em uma proposta totalmente inovadora. Até lá, espero que gostem e se divirtam com o desenvolvimento deste jogo.

1.1 Programas Auxiliares

Além do *Unity 3D* e *Visual Studio 2010*, existem outros programas que foram utilizados para o desenvolvimento. Segue a lista desses programas e suas finalidades.

- **Gimp** : Editor de imagens (Grátis)

- **SFXR** : Programa de geração de efeitos sonoros (Grátis)

- **3D Studio Max** : Ferramenta para modelagem e animações de objetos 3D. (Pago)

Não é o enfoque deste livro detalhar o funcionamento desses programas; você só precisa saber que eles são essenciais no desenvolvimento do jogo, caso queira criar seus próprios modelos, animações, músicas e tudo o mais. No DVD que acompanha este livro, veja os vídeos *"Criando Asteroide"*, *"Criando Espaço"*, *"Criando Nave Espacial"*, *"Criando Texturas Fundo"* e *"Criando Textura Nave"* para maior entendimento no uso dessas ferramentas.

1.2 Preparando seu Ambiente de Trabalho

Nesta parte será demonstrada a instalação da engine *Unity 3D* e os passos para seu registro.

1.2.1 Unity 3D

O *Unity 3D* é uma engine de desenvolvimento de jogos e oferece todos os recursos necessários para desenvolver qualquer tipo de jogo. A vantagem de se utilizar a engine é a abstração do desenvolvedor de jogos, a necessidade de conhecer e utilizar diretamente *DirectX* ou *OpenGl*.

Até o momento em que este livro está sendo escrito, a versão mais recente e estável do *Unity 3D* é a 3.0.0f5.

1.2.2 Obtendo e Instalando o Unity 3D

O site oficial do *Unity 3D* se encontra no endereço "http://unity3d.com/unity/download/". Ao entrar no site, há duas opções para downloads. (**Veja figura 1.1**).

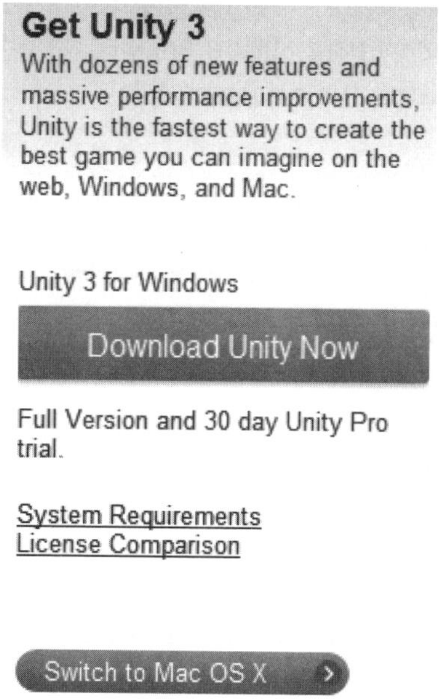

Get Unity 3

With dozens of new features and massive performance improvements, Unity is the fastest way to create the best game you can imagine on the web, Windows, and Mac.

Unity 3 for Windows

Download Unity Now

Full Version and 30 day Unity Pro trial.

System Requirements
License Comparison

Switch to Mac OS X

Figura 1.1 - Opções de downloads

A primeira opção, com o botão azul, é para sistema *Windows*. A segunda opção é para sistema *Macs* e a terceira opção para sistema Macs, a fim de criar aplicação de *Iphone*. Faça o download de acordo com o seu sistema operacional.

Inicie o executável e, ao aparecer a primeira tela, clique em *Next* para continuar. Na segunda tela, leia o acordo de licença e, se concordar, clique em "*I Agree*" para ir para a próxima tela. Na terceira tela, selecione "*Unity*" (já vem selecionado), "*Unity Web Player*", "*Example Project*" e "MonoDevelop". *Unity Web Player* é um aplicativo que permite que seu browser execute as aplicações desenvolvidas usando a engine *Unity 3D*. *Example Project* é um exemplo oferecido para fins didáticos. MonoDevelop é um ambiente de desenvolvimento, semelhante ao Visual Studio com suporte a linguagem VB.net ou C#.

Clique em *Next* para continuar e na próxima tela clique em *Install*. Quando terminar a instalação, uma nova tela irá aparecer. Deixe ativado "*Run Unity 3.0.0f5*" e clique em *Finish* para abrir a engine. Na primeira execução, será aberta uma tela de registro. **(Veja a figura 1.2)**.

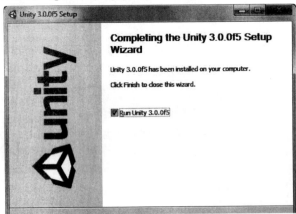

Figura 1.2 – Tela de ativação

Clique no botão *Register* e uma nova tela será aberta, dando duas opções para registrar a engine. Escolha *"Internet Activation"* e clique em *Avançar*. (**Veja a Figura 1.3**).

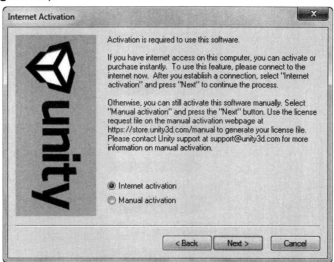

Figura 1.3 – Tipo de ativação

O browser padrão do seu sistema operacional será aberto e será redirecionado para a página de registro da *Unity 3D*. Coloque seu email e o nome da empresa, depois clique no botão *Free* para utilizar a *Unity 3D* ou no botão *"Start Pro Trial"* para utilizar a *Unity 3D Profissional* por trinta dias. No botão *"License Comparison"* é possível verificar as diferenças entre a versão básica e profissional. Caso você queira comprar uma licença, clique no botão *"Unity Store"*. (**Veja a Figura 1.4**).

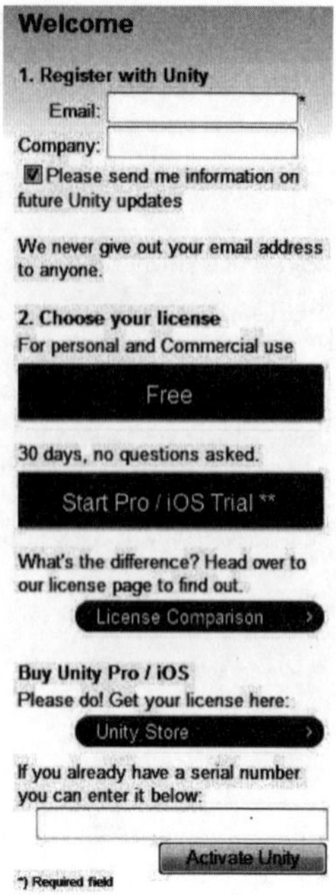

8 | Desenvolvendo Games Com Unity 3D

Figura 1.4 – Página para registro

Uma vez que você tenha clicado no botão *Free*, uma nova tela irá aparecer e na página web aparecerá a mensagem "*Product Authorized*" (**Veja a Figura 1.5**). Clique no botão *Concluir* e a engine estará pronta para ser utilizada por tempo indeterminado.

Capítulo 1 - Introdução | 9

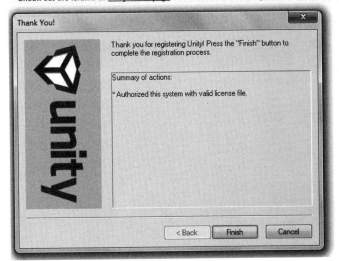

Figura 1.5 – Licença autorizada

Capítulo 2
Conceitos Iniciais

2 Conceitos Iniciais

Este capítulo apresenta uma breve introdução ao ambiente de desenvolvimento do *Unity 3D* que será de grande utilidade na hora do desenvolvimento do jogo. O objetivo deste capítulo é tornar o leitor mais familiarizado com o ambiente da engine, os termos empregados, ferramentas e recursos que serão utilizados ao longo do desenvolvimento. Boa parte do conteúdo apresentado neste capítulo está disponível na documentação do *Unity 3D*, no idioma inglês.

2.1 Interface

A interface oferecida é bastante simples, característica que facilita o desenvolvimento de jogos de diversos gêneros. A área de trabalho é composta de várias janelas chamada *Views*, cada um com um propósito específico. É possível alterar o Layout das janelas, clicando no menu *Windows -> Layouts* e selecionar o que for mais conveniente. Caso deseje retornar às configurações padrão de Layout, selecione a opção *"Revert Factory Setting"*.

Para aqueles que estão abrindo o programa pela primeira vez, abra o projeto "Bootcamp Demo" localizado no local "C:\Users\Public\Documents\ Unity Projects". (**Veja a Figura 2.1**).

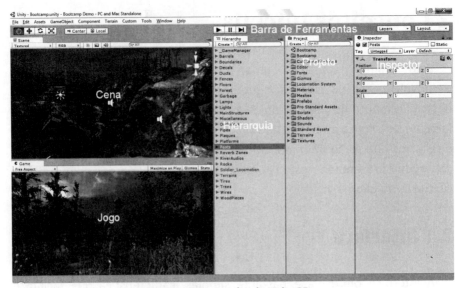

Figura 2.1 – Janelas da Unity 3D

2.1.1 Project View (Visão de Projeto)

A janela *Project* é a interface para manipulação e organização dos vários arquivos (*Assets*) que compõem um projeto, tais como pastas, modelos, texturas, efeitos de áudio, prefabs, scripts. (**Veja a Figura 2.2**).

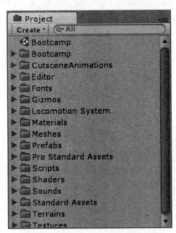

Figura 2.2 – Janela Project

> **Nota:** Use sempre o editor do *Unity 3D* para mover, alterar e apagar os arquivos. Caso use o Explorer do Windows, isso pode ocasionar problemas ao projeto. Entretanto, certas mudanças como a adição de uma textura, sons, modelos 3D, podem ser feitas de forma segura diretamente pelo Explorer do Windows.

As cenas do jogo (*Scene*) também ficam nesta janela. Cada *scene* representa uma fase do jogo. Para criar uma nova *scene*, vá à Barra de Ferramentas e selecione *File ->New Scene*. Para adicionar novos assets ao projeto, utilize o comando na barra de ferramentas *Assets -> Import New Asset* .

Alguns *assets* precisam ser criados diretamente no editor do *Unity 3D*; para isso na janela Project, clique no menu *Create* e aparecerão várias opções para serem escolhidas.(**Veja a Figura 2.3**).

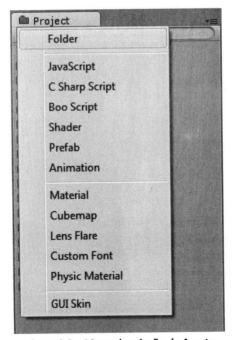

Figura 2.3 – Menu de criação de Assets

2.1.2 Hierarchy View (Visão de Hierarquia)

A janela *Hierarchy* exibe todos os elementos da *scene*, conhecido como *GameObject*. *GameObjects* são os objetos mais importantes da *Unity 3D* e é muito importante saber como eles podem ser usados. Todo *GameObject* não faz nada por conta própria, eles precisam de propriedades especiais antes de poderem se tornar um personagem, um ambiente, ou um efeito especial. Essas propriedades especiais são conhecidas como componentes e são as peças funcionais de cada *GameObject*.

Podemos citar o componente *Transform*, que é um dos componentes mais importantes e é utilizado para definir a posição, rotação e escala de um objeto no jogo. (**Veja a Figura 2.4**).

Nota: Uma observação importante sobre GameObject é que todos eles possuem pelo menos o componente Transform.

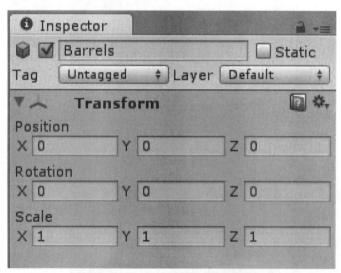

Figura 2.4 – Componente Transform

2.1.3 Inspector View (Visão de Inspeção)

A janela *Inspector* mostra detalhadamente as informações sobre o *GameObject* selecionado, incluindo todos os componentes e seus parâmetros. Essa janela permite modificar os valores dos parâmetros desses componentes a fim de encontrar valores ideais na execução do jogo. **(Veja a Figura 2.5)**.

Figura 2.5 – Janela Inspector

Clicando com o botão direito do mouse no título do componente na janela *Inspector*, aparece uma lista de opções na qual poderá remover o componente (Remove Component) e resetar as configurações para o padrão (Reset). **(Veja a Figura 2.6)**.

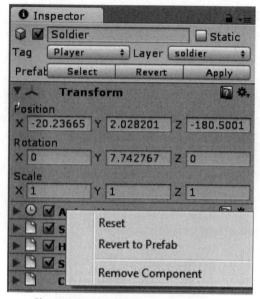

Figura 2.6 – Janela Inspector com menu

2.1.4 Scene View (Visão da Cena)

A janela *Scene* é a forma principal de manipulação dos elementos visuais no editor de cenas, possibilitando a orientação, posicionamento, escala de todos GameObjects. Essa manipulação é semelhante às ferramentas de modelagem 3D, como 3D Studio Max, Maya, Blender e outras do mesmo tipo. Para se movimentar no ambiente, clique e segure o botão direito do mouse e aperte as teclas "W,A,S,D" para se mover para frente, esquerda, trás, direita. Rotacione com o mouse para se movimentar em todas as direções. (**Veja a Figura 2.7**).

No canto superior direito da visão da cena está o *Gizmo* (bússola 3D). Ele mostra a orientação da câmera da cena e possibilita mudar a orientação da visão, bastando clicar nos seus vértices. Para habilitar uma visão em perspectiva clique no centro ou, se preferir habilitar a visão isométrica, segure a tecla Shift enquanto clica no centro do Gizmo.

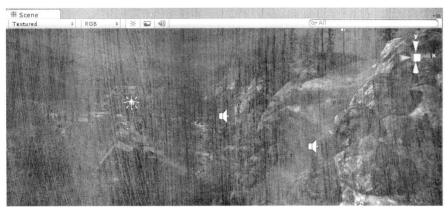

Figura 2.7 – Janela Scene

2.1.5 Game View (Visão do Jogo)

A janela *Game* é responsável pela visualização da aplicação em desenvolvimento da forma que ela será exibida quando finalizada. Nesta janela, pode-se ter uma prévia de como os elementos do jogo estão se comportando com possibilidade de se analisar estatísticas do jogo (*Stats*), tais como tempo de processamento e número de frames por segundo, número de triângulos e vértices renderizados, memória de textura utilizada, entre outras. Para ativar o recurso de estatística, na janela *Game*, clique em *Stats*. **(Veja a Figura 2.8)**.

Figura 2.8 – Janela Game com Stats ativado

2.1.6 Menu Topo

O menu *Topo* consiste em cinco controles básicos que são de extrema importância no desenvolvimento.

	Transform Tools - Ferramenta utilizada na visão da cena
	Transform Gizmo Toggles- Afeta o que a visão da cena mostra.
	Play/Pause/Step Buttons - Usado para executar, pausar, executar frame por frame o jogo
	Layers Drop-down - Controla quais objetos serão mostrados na cena.
	Layout Drop-down - Controla a disposição de todas as visões.

2.1.7 Posicionamento de Objetos

A ferramenta *Transform Tools* oferece de forma rápida ao usuário acesso aos recursos de movimentação, translação, rotação e escala. Caso deseje fazer uma movimentação no ambiente, escolha a primeira opção ou aperte Q no teclado; para mudar a posição de um objeto selecione a segunda opção ou aperte W, para rotacionar um objeto escolha a terceira opção ou aperte E por último, a fim de alterar a escala de um objeto, selecione a quarta opção ou aperte R no teclado . (**Veja a Figura 2.9**).

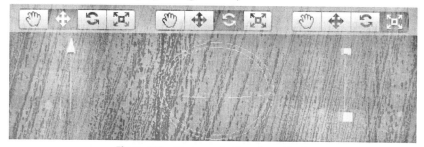

Figura 2.9 – Ferramenta Transform Tools

2.1.8 Barra de Status

A barra de status está no canto inferior da tela e ela mostra erros de compilação e mensagens de debug. Você pode dar um clique duplo com o mouse para mostrar o console com as mensagens da barra de status.

2.1.9 Console

O Console mostra mensagens de erros, avisos e textos de debug. Para enviar suas mensagens para o console são utilizados os comandos *Debug. Log()* ou

Debug.Error() em seus códigos. Para abrir o console dê um clique duplo na barra de status ou vá à Barra de Ferramentas-> *Window*-> *Console* ou ainda pelo atalho Ctrl+Shift+C. (**Veja a Figura 2.10**).

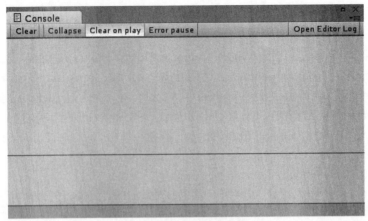

Figura 2.10 – Janela Console

2.2 Sistema de Coordenadas 3D

Nesta parte serão apresentadas informações importantes sobre o sistema de coordenada 3D.

2.2.1. O Plano Cartesiano

Uma das formas de descrever a posição de um ponto no espaço é representá-lo em um plano cartesiano. Para representar um ponto bidimensional, definimos o sistema de coordenadas como sendo composto por **dois eixos, x e y**. O eixo x é denominado o eixo das abscissas e o y o das ordenadas. Esses eixos são divididos em unidades contadas a partir do ponto de origem **do plano, o** ponto de intersecção entre os dois eixos, que servem para nos **dar uma ideia** de distância, o que chamamos de coordenadas; assim, um ponto nesse plano é representado por um par de coordenadas, x e y, que representa a **distância** ao longo de cada eixo a partir do ponto de origem. A **Figura 2.11** mostra como representar um ponto P(4,4), em que P significa ponto e (4,4) significa que o ponto está quatro unidades de distância em relação ao ponto **de origem do** plano ao longo do eixo x, e quatro unidades de distância em **relação ao ponto** de origem do plano ao longo do eixo y.

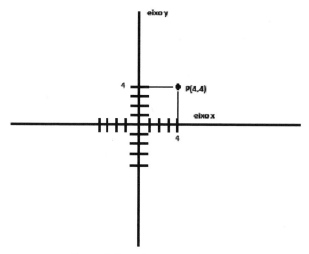

Figura 2.11 – Plano Cartesiano 2D

Para representar o espaço tridimensional (três dimensões), é adicionado o eixo z ao sistema de coordenadas, esse eixo passa pelo ponto de origem do sistema de coordenadas e representa a profundidade do ponto. A **Figura 2.12** mostra como representar o eixo z no plano.

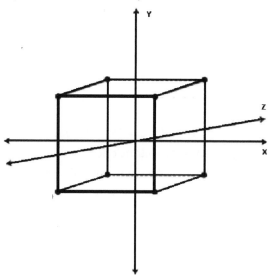

Figura 2.12 – Plano Cartesiano 3D

2.2.2. Coordenadas Locais e Globais

A posição global de um objeto no espaço é representada em relação à origem do plano. Às vezes é necessário representar a posição de um objeto em relação a outro, assim dizemos que todo objeto tem seu próprio ponto de origem e quando desejamos representar essa posição, dizemos que estamos utilizando coordenadas locais do objeto de referência. A **Figura 2.13** mostra a diferença entre coordenadas locais e globais.

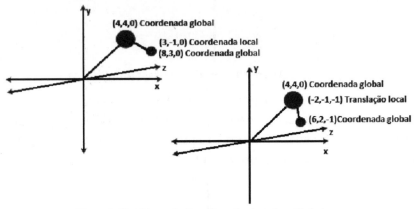

Figura 2.13 – Plano de Coordenadas Locais e Globais

2.2.3. Vetores

Vetores são segmentos de reta usados para representar direção (reta suporte do segmento orientado), intensidade (valor numérico) e sentido (orientação do segmento de reta) no plano cartesiano. A **Figura 2.14** mostra a diferença entre ponto e vetor. Vetores, assim como pontos, não se limitam às duas dimensões e podem ser representados no espaço 3D. Por intermédio do uso de vetores é possível atribuir, representar além da posição de um objeto no espaço, a sua direção.

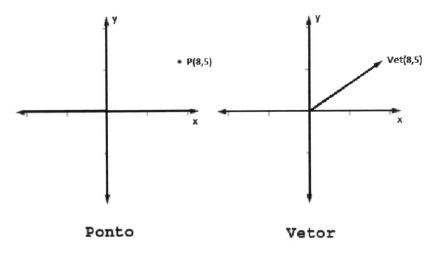

Figura 2.14 – Ponto e Vetor

2.2.4. Quaterniões e Rotações

Para realizar a rotação de objetos no espaço tridimensional são utilizados quaterniões. A fim de representar a direção que um objeto aponta no espaço, não basta apenas representar sua posição, é necessário atribuir um ângulo a ela. Em jogos, quando um objeto é criado, é definida a sua posição e um ângulo inicial a ele. Quando desejamos fazer alguma rotação nesse objeto, realizamos com base em sua posição e seu ângulo atual, ou seja, em seu quaternião.

2.2.5. Renderização

Renderização é o ato de criar imagens 2D dada uma descrição geométrica de um mundo tridimensional e uma câmera virtual que especifica a perspectiva que o mundo está sendo visto.

2.2.6. Câmeras

Câmeras em jogos servem para demonstrar como os objetos devem aparecer na tela e como eles devem ser mostrados ao jogador. Quando limitamos a distância do campo de visão, estamos especificando uma distância máxima que um objeto deve estar do ponto de origem da câmera para que ele seja mostrado na tela, desde que ele esteja dentro do campo de visão da câmera. Também é possível especificar uma distância mínima que os objetos deverão estar da câmera para que eles sejam mostrados na tela. (**Veja a Figura 2.15**).

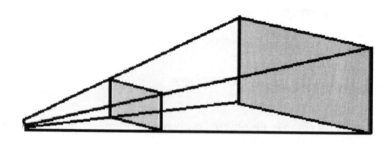

Figura 2.15 – Visão da Câmera

2.2.7. Representação de Formas

Para representar formas em três dimensões são utilizados polígonos, em jogos geralmente são utilizados triângulos, ou faces, que são representados por três pontos interligados por vértices. A combinação de polígonos permite a construção de formas mais complexas, conhecidas como *Meshes*. É por meio desses dados que são feitos os cálculos de detecção de colisões entre um objeto e outro no espaço.

2.2.8. Materiais

Materiais são cores ou texturas, que compõem um objeto 3D para determinar a aparência de um objeto quando visualizado na tela.

2.3. Física

De todos os elementos que participam pelas leis da física, os dois mais importantes são corpos rígidos e detecção de colisão.

2.3.1. Corpos Rígidos

Corpos rígidos são objetos que, durante o jogo, são afetados pelas leis da física, ou seja, os motores de física realizam cálculos para tornar o movimento desses objetos realistas.

Corpos rígidos podem possuir as seguintes propriedades:

- Atrito

- Massa

- Gravidade

- Velocidade

2.3.2. Detecção de Colisão

A detecção de colisões entre objetos durante o jogo é de responsabilidade do motor físico do jogo. Adicionando o elemento *collider* a um objeto, o objeto passa a se comportar de um modo diferente quando algum objeto colide com ele, respondendo a colisão, normalmente alterando a velocidade e direção de seu movimento.

Capítulo 3
Desenvolvimento do Jogo

3 Desenvolvimento do Jogo

Neste capítulo começaremos a desenvolver o jogo proposto pelo livro. É muito importante que, a cada passo concluído, o leitor salve o projeto e faça um backup.

3.1 Criação do Projeto

Nesta parte serão demonstrados os passos para a criação do projeto, e esse será desenvolvido de uma forma que facilite o desenvolvimento ao longo do livro.

1. Crie um novo projeto clicando no menu *File -> New Project*. Ao aparecer uma janela, clique em *Browser* e selecione o local que deseja salvar o projeto. Recomendo o local *"C:\Space Invasion"*.

2. Na parte de importação de pacotes, caso esteja usando a versão gratuita, irá aparecer algumas caixas de seleção. Na versão profissional, outras caixas estarão disponíveis. Não há necessidade de selecionar estes pacotes, pois não utilizaremos seus recursos. **(Veja a Figura 3.1)**.

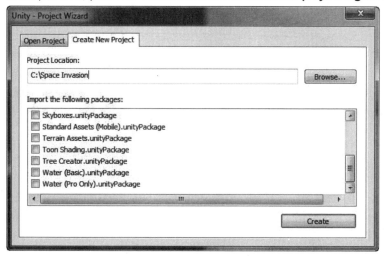

Figura 3.1 – Tela de criação de projeto

Nota: Caso apareça uma tela informando que existe um erro de escrita, clique sempre no botão *Try Again*(**Veja a Figura 3.2**).

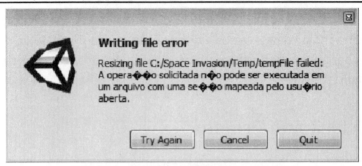

Figura 3.2 – Tela de erro de escrita de arquivo

3. Após a criação do projeto, entre na pasta Space Invasion que foi criada e veja que foram criadas as pastas *Assets, Library e Temp*. Na pasta *Assets* é onde encontramos (scripts, modelos, texturas, efeitos de áudio e Prefabs) e na pasta *Library*, as bibliotecas importadas. .A pasta *Temp* é gerada quando o Unity 3D está aberto e é eliminada quando estiver fechado. (**Veja a Figura 3.3**).

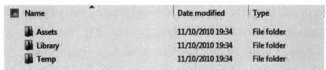

Figura 3.3 – Pastas do projeto

4. Para que o projeto fique organizado e siga um padrão de desenvolvimento, crie uma nova pasta no projeto. Vá à janela *Project* e dentro dela, clique com o botão direito do mouse e selecione *Create -> Folder*. Coloque o nome da pasta para *"Scenes"*. É nessa pasta que serão armazenadas todas as cenas criadas ao longo do projeto. (**Veja a Figura 3.4**).

Capítulo 3 - Desenvolvimento do Jogo | 33

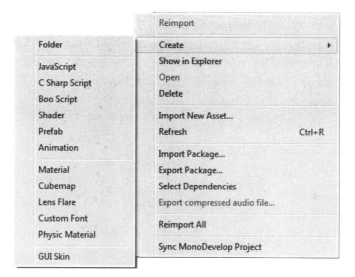

Figura 3.4 – Criação da pasta

5. Agora vá ao menu *File* e clique na opção *Save Scene*. Selecione a pasta *Scenes* e dentro dela, salve o arquivo com o nome "*Level1*".

6. Para mudar a cor do fundo do jogo, vá até a janela *Hierarchy*, selecione *MainCamera*, e na janela *Inspector*, selecione o componente *Camera* e mude o parâmetro *Background Color* para a cor de sua preferência. Nesse caso, a cor preta seria a melhor opção por simular um espaço. Se possível, tente fazer idêntico ao que foi proposto, pois dessa forma facilitará a comparação das partes do seu jogo com a do livro. Caso queira mudar algo durante o jogo, como nome das variáveis, cores, nome dos componentes adicionados, não há nenhum problema;porém, evite fazer isso, pelo menos se for a primeira vez que você esta desenvolvendo o jogo, porque poderá se perder depois. Quando terminar de fazer o jogo completamente, é nesse momento que você poderá modificar o código, deixando de uma maneira mais fácil de você entender e até mesmo, quem sabe, melhorar o jogo, adicionando novos recursos a ele.

Na janela *Color*, além de escolher a cor desejada, é possível escolher os valores para RGB manualmente, para assim adquirir cores personalizadas. Clicando na opção *Pick a Color*, você terá a opção de capturar uma determinada cor em qualquer parte do Windows, bastando clicar em cima da cor que deseja capturar. (**Veja a Figura 3.5**).

Figura 3.5 – Capturando a cor de um ícone pelo Pick a Color

7. Ative o parâmetro *Orthographic*, mudando o valor em Projection. Ao marcar uma câmera como Ortográfico, é removida toda a perspectiva de visão da câmera. Isto é útil para fazer jogos em 2D.

8. Altere o parâmetro de *Far Clipping plane* = 20. Esta opção configura a máxima distância que a câmera visualizará. Diminuindo o valor, fará com que a distância de visualização seja menor.

9. E por último, altere o parâmetro *Orthographic size* = 5. Esta opção configura o tamanho da visão da câmera quando ela é ortográfica.

Quando terminar de alterar os parâmetros do componente *Camera*, você terá um resultado parecido com a **Figura 3.6**.

Capítulo 3 - Desenvolvimento do Jogo | 35

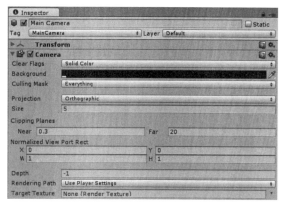

Figura 3.6 – Componente Camera

10. Agora clique na *Camera*, e na janela *Scene*, gire a barra de rolagem do seu mouse para dar um zoom e facilitar a visualização da câmera. Você pode segurar o botão direito do mouse e clicar na tecla "W","A","S","D" para percorrer no ambiente *Scene* para facilitar mais ainda a visualização .

11. Na janela Game, é possível selecionar o modo de como o jogo será visualizado. Clique na seta, que está ao lado da palavra *Standalone* ou *Free Aspect* e mude o formato para 4:3, pois queremos que o jogo seja executado neste formato e resolução. **(Veja a Figura 3.7).**

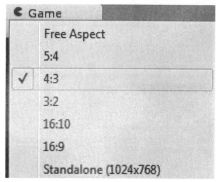

Figura 3.7 – Menu da janela game

3.2 Criação do Jogador

Nesta parte, será criado um objeto que representará o jogador do game e será controlado por um usuário durante todo o jogo. Essa representação se dará através de um cubo, que terá funções de movimentação.

1. Crie um cubo, por intermédio do menu *Game Object -> CreateOther -> Cube*. Na janela *Inspector*, altere o nome para "Player" (Jogador em português) e pressione a tecla *Enter* do seu teclado. De preferência estou trabalhando com o idioma inglês, devido a uma questão de prática e costume. Possivelmente, você poderá trocar para a linguagem portuguesa ou outra de sua preferência, sem nenhum problema.

2. Uma vez criado o cubo, nos parâmetros do componente *Transform*, coloque a posição X, Y, Z = 0, 0, 0. Perceba que o cubo ficará pequeno e para facilitar a visualização, em Scale X, Y, Z, digite o valor 1.5, 1.5, 1.5. **(Veja a Figura 3.8)**.

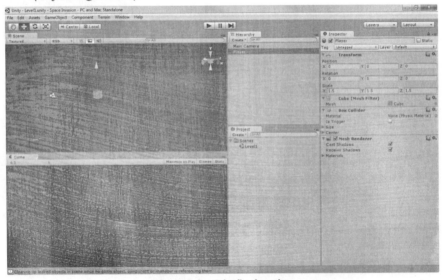

Figura 3.8 – Criação do cubo

3. Para deixar o cubo com uma melhor aparência, será criado um *Material* para o Jogador; para isso, clique com o botão direito dentro da janela *Project*, e escolha no menu *Create -> Folder*. Coloque o nome da pasta para "*Materials*".

4. Com o botão direito, clique na pasta *Materials* e escolha no menu *Create -> Material*. Altere o nome para "*PlayerMaterial*".

5. Na janela Inspector, no parâmetro *Main Color*, clique na cor que aparece do lado direito para abrir uma nova janela e selecione a cor que desejar. À medida que a cor for alterada na janela *Inspector*, será possível analisar as mudanças em tempo real na janela *Preview*. No caso deste livro, será selecionada a cor amarela.

6. Clique com o botão esquerdo do mouse em *PlayerMaterial* e arraste para a janela *Hierarchy* e solte em cima de *Player*, quando o ícone do mouse mudar para outro diferente. Na janela Hierarchy, selecione *Player* e no componente *Mesh Renderer*, na parte de *Materials*, clique na seta para visualizar os parâmetros. No parâmetro *Element 0* encontra-se o material que foi adicionado. É possível alterar a cor do material diretamente no parâmetro MainColor. (**Veja a Figura 3.9**).

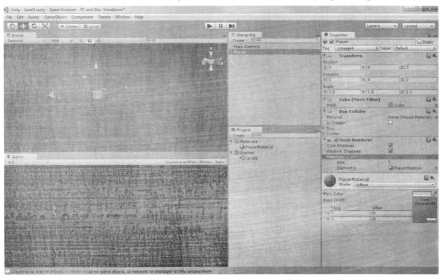

Figura 3.9 – **Jogador com material adicionado**

7. Perceba que o jogador está escuro e não está muito nítida a visualização. Vá ao menu *GameObject -> CreateOther -> Direction Light* e um feixe de luz será adicionado para iluminar o ambiente.

8. Na janela *Hierarchy*, selecione *Directional light* e no componente *Transform* coloque as coordenadas X, Y, Z = 0, 1, -15 para que a luz fique atrás da câmera. Para maiores detalhes, como dos tipos de luzes na *Unity 3D* e seus parâmetros, acesse o manual no site da *Unity 3D* Technology. (**Veja a Figura 3.10**).

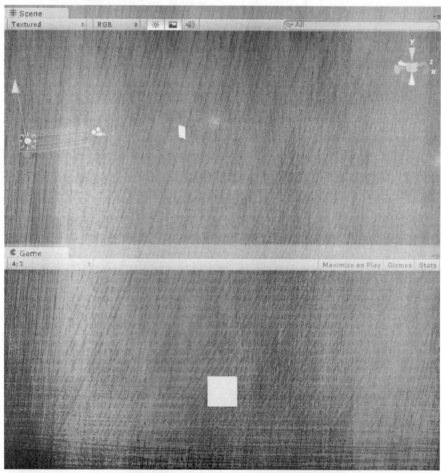

Figura3.10 – Luz iluminando o jogador

3.3 Criação do Script do Jogador

Nesta parte será criado um script, e é nele que aparecerão as funções que o jogador irá desempenhar no game. Para a edição dos scripts será utilizado o programa *Microsoft Visual Studio 2010 Ultimate*, mas existe a possibilidade de se utilizar *Microsoft Visual Studio Express 2010* e outras versões anteriores.

> **Nota:** Digite o código respeitando maiúsculo e minúsculo. No código fonte que acompanha o DVD, os códigos estarão comentados para maior entendimento.

1. Crie uma pasta para armazenar todos os scripts que serão criados no desenvolvimento desse game. Para a criação da pasta siga o mesmo passo que foram usadas para criar as pastas anteriores. Coloque o nome da pasta para *"Scripts"*.

2. Para a criação do *script*, na janela *Project*, clique com o botão direito sobre a pasta Scripts, e no menu selecione *Create -> C Sharp Script*.

3. Selecione o script criado, e observe que na janela *Inspector* é possível visualizar o código fonte. Mude o nome do script para *"PlayerScript"*.

4. Depois clique com o botão esquerdo do mouse em *PlayerScript* e arraste para a janela *Hierachy* em *Player*. Ao fazer isso, irá aparecer uma janela informando que não será possível adicionar esse script, porque o nome do arquivo não é semelhante ao nome da classe definida no script. Esse erro será corrigido nos próximos passos. (**Veja a Figura 3.11**).

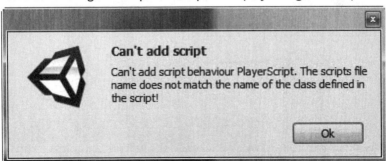

Figura 3.11 – Erro de inserção de script a um GameObject

5. Para editar o script usando Visual Studio, primeiramente há necessidade de configurar o Unity 3D. Vá ao menu *Edit - > Preferences* e mude o parâmetro External Script Editor para Microsoft Visual Studio 2010. Depois, basta dar um clipe duplo no script PlayerScript.

6. Abra a pasta do jogo e observe que foi criado o projeto *Space Invasion*. Dê um duplo clique com o botão esquerdo com o mouse no arquivo *Space Invasion* (ícone verde e tipo Visual C# Project File). (Veja a Figura 3.12). Na abertura do projeto, dependendo da versão do *Visual Studio*, não haverá necessidade de conversão de projeto. Caso necessite, siga os passos para a conversão do projeto. Clique no botão *Next*, selecione a opção "*No*", clique em *Finish* para fazer a conversão e por ultimo em Close. (Veja a Figura 3.13).

Figura 3.12 – Pasta do jogo

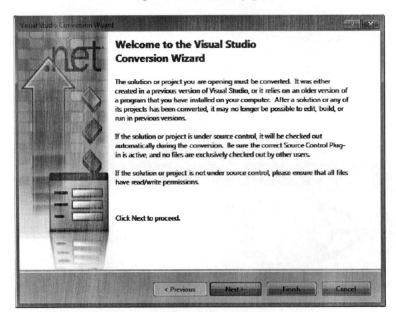

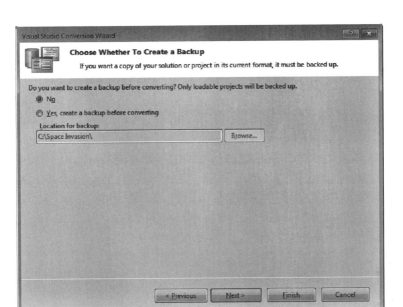

Figura 3.13 – Tela de conversão do Visual Studio 2010

7. No *Visual Studio*, abra o script *PlayerScript* e altere o nome da classe para "*PlayerScript*". (**Veja a Figura 3.14**). Retorne para a *Unity 3D* e arraste o script para a janela *Hierarchy* em *Player*. Clique em *Player* na janela *Hierarchy*, e na janela *Inspector*, observe que foi adicionado o componente *Script*. (**Veja a Figura 3.15**).

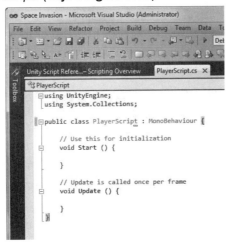

Figura 3.14 – Script PlayerScript

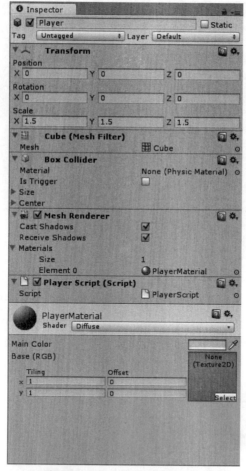

Figura 3.15 – Componente Script

8. Retorne ao *Visual Studio*.

A classe *PlayerScript* faz importação da *UnityEngine*, que permite trabalhar com a classe *MonoBehaviour* da engine *Unity 3D*. Por ser estendida da classe *MonoBehaviour*, todos os métodos dessa classe poderão ser utilizados pela classe *PlayerScript*. Temos duas funções que foram adicionadas no script. A função *Start()*, que sempre é executada na inicialização do seu jogo e a função *Update()*, que é executada a cada frame. As funções *Start()* e *Update()*, sempre são geradas, quando o script é criado no editor da *Unity 3D*. (**Veja a Figura 3.14**).

9. Para colocar uma posição inicial ao jogador, digite o código da **Listagem 3.1**, salve e execute o projeto na *Unity 3D* clicando em Play. Observe que a posição do jogador começou na coordenada informada. Isso é muito útil para especificar a posição inicial de um jogador. (**Veja a Figura 3.16**).

Listagem 3.1 – Script PlayerScript.cs (Posição inicial do jogador)

```
public class PlayerScript : MonoBehaviour {

    void Start ()
    {
        transform.position = new Vector3(-6,5,transform.position.z);
    }
    void Update ()
    {

    }

}
```

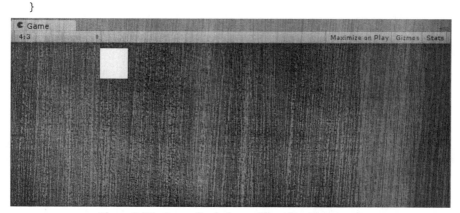

Figura 3.16 – Execução do jogo utilizando a Listagem 1

Cada objeto em uma cena tem um componente *Transform*. A classe *Transform* é usada para armazenar e manipular a posição, rotação e escala do objeto. O membro herdado *transform*, permite que todos os métodos da classe *Transform* sejam anexados a um *GameObject*. Utilizando a variável *position* é possível determinar a posição de um objeto em alguma coordenada.

44 | Desenvolvendo Games Com Unity 3D

Utilizando a função *Vector3*, cria-se um vetor para determinar a posição do objeto nas coordenadas (X, Y, Z), ou seja, uma posição em 3D.

10. Selecione *Main Camera* na janela *Hierarchy* e na janela *Inspector* no componente *Transform*, mude a posição Y = 4, dessa forma o cubo ficará na posição em baixo.

11. Retorne ao *Visual Studio* e altere o código como mostrado na **Listagem 3.2.**

Listagem 3.2 – Script PlayerScript.cs (Posição inicial do jogador)

```
public class PlayerScript : MonoBehaviour {

public float playerSpeed;

  void Start ()
  {
    transform.position = new Vector3(0,0,transform.position.z);
  }
  void Update ()
  {
  }

}
```

12. Adicione o código mostrado na **Listagem 3.3** que será responsável pela movimentação:

Listagem 3.3 – Script PlayerScript.cs (Movimentação do jogador)

```
public class PlayerScript : MonoBehaviour {
  ...
  void Start ()
  {
    ...
  }

  void Update () {
    float amtToMove = Input.GetAxisRaw("Horizontal") * playerSpeed ;
    float amtToMove2 = Input.GetAxisRaw("Vertical") * playerSpeed ;
    transform.Translate(Vector3.right * amtToMove);
    transform.Translate(Vector3.up * amtToMove2);
```

}

}

13. Retorne ao *Unity 3D*, na janela *Hierarchy* selecione *Player*, e na janela *Inspector*, no componente *Script*, altere o valor de p*layer Speed = 10*.

14. Execute o jogo e use as teclas (Seta direita, Seta Esquerda, Seta para cima, Seta para baixo) para se movimentar no ambiente. (Não se preocupe com a velocidade exagerada do jogador, esse problema será corrigido nos próximos passos.)

Analisando o código, *playerSpeed* é uma variável pública do tipo *float* e será responsável pela velocidade de locomoção do jogador. A variável *amtToMove* (amount to move) ou seja, quantidade de movimento, recebe a entrada do eixo horizontal e vertical , e será multiplicado com a variável *playerSpeed* .

A classe Input é utilizada para ler os eixos estabelecidos no gerenciador de entrada. A função *getAxisRaw* retorna o valor do eixo virtual identificado por axisName sem filtro de suavização. No respectivo caso, os eixos são *"Horizontal"* e *"Vertical"*.

O membro herdado *transform* é utilizado para armazenar e manipular a posição e escala do objeto. A função *translate* é utilizada para movimento.

A variável de classe right é uma abreviação de Vector3 (1,0,0), ou seja, ele se move em coordenada X. A variável de classe up é uma abreviação do Vector3 (0,1,0), dessa forma ele se move em coordenada Y.

> **Nota:** Os comandos de Input poderão ser configurados acessando o Input Manager (Gerenciador de Entrada). Caso deseje alterar as configurações padrão, acesse o menu *Edit -> Project Setting -> Input* .

Até a **Listagem 3.3**, ao movimentar o Jogador, ele se movia rapidamente e era difícil controlá-lo. Isto acontece, porque até o exato momento esse código expressa algo assim: Faça a movimentação desse objeto a 10 metros por frame.

Para resolver esse problema altere o código como mostrado na **Listagem 3.4**.

Listagem 3.4 – Script PlayerScript.cs (Movimentação do jogador com deltaTime)

```
public class PlayerScript : MonoBehaviour {
    ...
    void Start ()
    {
        ...
    }

    void Update ()
    {
        float amtToMove = Input.GetAxisRaw("Horizontal") * playerSpeed * Time.
deltaTime;
        float amtToMove2 = Input.GetAxisRaw("Vertical") * playerSpeed * Time.
deltaTime;
        transform.Translate(Vector3.right * amtToMove);
        transform.Translate(Vector3.up * amtToMove2);
    }

}
```

Desse modo, o jogador se moverá com uma maior precisão. *Time. deltaTime* é o tempo em segundos que leva para terminar o ultimo quadro. Usa-se essa função para fazer que a taxa de quadros do jogo seja independente do processamento do computador. Feita a alteração, a expressão do código ficou com o seguinte sentido: Faça a movimentação desse objeto a 10 metros por segundo.

15. Execute o jogo e movimente o jogador. Dessa vez, ficou mais fácil fazer a movimentação, mas ao movermos o jogador para fora da área da câmera, ele desaparece e continua andando no ambiente. (**Veja a Figura 3.17**).

Capítulo 3 - Desenvolvimento do Jogo | 47

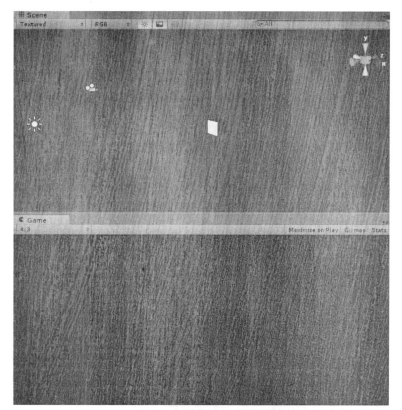

Figura 3.17 – Jogador desaparece da Camera

Para a correção desse erro, será feito um código que quando o jogador saia da câmera do lado direito retorna ao lado esquerdo e vice versa. E também quando o jogador sair em cima, retorna em baixo e vice versa.

16. Digite o código da **Listagem 3.5**.

Listagem 3.5 – Script PlayerScript.cs (Envolver o jogador)

```
public class PlayerScript : MonoBehaviour {
    ...
    void Start ()
    {
        ...
    }
    void Update ()
    {
        ...
```

48 | Desenvolvendo Games Com Unity 3D

```
transform.Translate(Vector3.up * amtToMove2);

if (transform.position.x <= -7.4f)
 transform.position = new Vector3(7.4f, transform.position.y,transform.
position.z);
  else if (transform.position.x >= 7.4f)
 transform.position = new Vector3(-7.4f, transform.position.y,transform.
position.z);

if (transform.position.y <= -1.6f)
  transform.position = new Vector3(transform.position.x,9.6f,transform.
position.z);
  else if (transform.position.y >= 9.6f)
  transform.position = new Vector3(transform.position.x,-1.6f,transform.
position.z);

  }

}
```

O código da **Listagem 3.5** verifica se as posições de X e Y atendem as condições passadas e as executam movendo para as posições especificadas.

17. Execute o jogo e faça a movimentação do jogador para todos os lados. O jogador será transferido de um lado para outro quando atingir aquela coordenada especificada.

3.4 Criação do Projétil de Fogo

Nesta parte, será criado um projétil de fogo que será utilizado pelo jogador para atirar.

1. Vá ao menu *GameObject -> CreateOther -> Capsule*.

2. Coloque o nome para *"Fire1"* e na janela *Inspector*, no componente *Transform,* altere *Position* X, Y, Z = 0, 2, 0 e Scale X, Y, Z = 0.25, 0.5, 0.25.

3. Crie um novo material, seguindo os passos da explicação anterior e coloque o nome para *"Fire1Material"*. Mude a cor para verde ou outra de sua preferência.

4. Mova o material Fire1Material para Fire1. O resultado final dos passos pode ser visto na **Figura 3.18**.

Capítulo 3 - Desenvolvimento do Jogo | 49

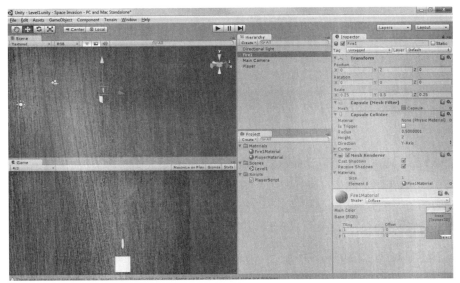

Figura 3.18 – GameObject Fire1

Para trabalhar com simulações de física, como gravidade e colisões, é utilizado o componente *Rigidbody* (representa o corpo rígido para o subsistema de física).

5. Crie um *rigidbody* para Fire1, através do menu *Component -> Physics -> RigidBody*.

6. Na janela *Inspector*, no componente *Rigidbody* coloque o campo *UseGravity = false*. Para ver o funcionamento de *gravity*, clique em *Play*, deixando habilitado e depois desabilitado o campo *UseGravity*.

7. Coloque o campo *Is Kinematic* para *true*. Ao habilitar essa opção, o objeto não será controlado pelo controlador de física, e estará sob total controle da animação ou controle de script. Isso é útil para plataformas móveis ou se você quiser animar um *Rigidbody*. (Veja a configuração final do *Rigidbody* na **Figura 3.19**.

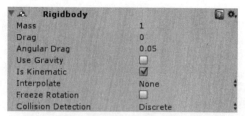

Figura 3.19 – Configuração do Rigidbody

3.5 Criação do Script do Projétil de Fogo

Nesta parte será criado um script para o projétil de fogo, que fará o jogador ter as funções para lançar o projétil.

1. Crie um script e coloque o nome para *"Fire1Script"*. (No visual Studio não se esqueça de alterar o nome da classe para *"Fire1Script"*).

2. Retorne ao *Unity 3D* e na janela *Project*, selecione o script e arraste-o na janela *Hierarchy* em *Fire1*. (**Veja a Figura 3.20**).

Figura 3.20 – Componente Fire1Script anexado ao GameObject Fire1

Primeiramente será feito um código que fará com que o projétil percorra livremente para cima.

3. Digite o código da **Listagem 3.6**.

Listagem 3.6 – Script Fire1Script.cs (Projétil percorrendo para cima)

```
public class Fire1Script : MonoBehaviour {

    public float fire1Speed;

    void Start ()
    {
    }

    void Update ()
    {
    float amtToMove = fire1Speed * Time.deltaTime;
    transform.Translate(Vector3.up * amtToMove);
    }

}
```

4. Altere o valor de *fire1Speed* = 10 no editor *Unity 3D*. (**Veja a Figura 3.21**).

Figura 3.21 – Parametro fire1Speed

5. Execute e observe o resultado. O projétil irá subir e percorrerá o ambiente sem parar.

Será criada uma função que quando o projétil chegar a uma determinada coordenada Y, o objeto será destruído.

6. Altere o código como na **Listagem 3.7**.

Listagem 3.7 – Script Fire1Script.cs (Projétil sera destruído)

```
public class Fire1Script : MonoBehaviour {

    ...

    void Start ()
    {
    }
```

52 | Desenvolvendo Games Com Unity 3D

```
void Update () {
...
  transform.Translate(Vector3.up * amtToMove);
  if (transform.position.y > 10.0f)
  {
    Destroy(this.gameObject);
  }
}

}
```

7. Execute o jogo. Quando o projétil chegar a coordenada y = 10, o objeto será destruído.

Nota: Existe diferença entre Destroy(gameObject) ; que possui a função de destruir o GameObject e Destroy(this) ; que, por sua vez, tem a função de remover a instância do script do GameObject.

Será criada uma forma de poder lançar o projétil: para isso será utilizado o componente *Prefab*.

8. Crie uma pasta com o nome de "*Prefabs*".

9. Clique na pasta com o botão direito e selecione *Create -> Prefab*.

10. Renomeie para "*Fire1Prefab*".

11. Na janela *Hierarchy*, selecione *Fire1*, arraste-o para a janela *Project* soltando em *Fire1Prefab*. A cor de *Fire1* e *Fire1Prefab* ficará azul.

12. Exclua *Fire1* para continuar.

13. Arraste *três Fire1Prefab* para a janela *Hierarchy* e solte dentro da janela. (**Veja a Figura 3.22**).

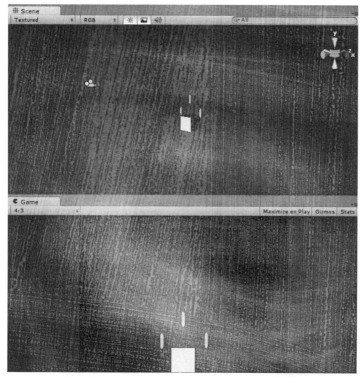

Figura 3.22 – Três Fire1Prefab adicionados no ambiente

14. Execute o jogo e observe que os três projeteis irão subir e se autodestruírem ao atingirem a coordenada y = 10.

Um *Prefab* é simplesmente um modelo de composição de *GameObject* já definido . *Prefabs* podem ser inseridos em diversas cenas, múltiplas vezes em cada uma delas. Ao se adicionar um *Prefab* a uma cena, está sendo criada uma instância da mesma. Todas essas instâncias estão ligadas ao *Prefab* original e são clones desse. Independente de quantas instâncias existam no projeto, qualquer mudança feita ao *Prefab* original será aplicada a todas essas cópias existentes nas cenas. Todas as instâncias de um *Prefab* possuem a mesma estrutura e, originalmente, os mesmos valores para os atributos de seus componentes. Entretanto, é possível alterar diversas instâncias, ainda vinculadas ao *Prefab* original, os valores de alguns atributos. As alterações feitas ao *Prefab* ainda serão propagadas para essas instâncias, apenas os atributos marcados como específicos terão seus valores mantidos.

3.6 Lançamento do Projétil de Fogo

Nesta parte serão adicionadas funções no script *PlayerScript* que permitirão lançar o projétil através do jogador.

1. Apague todos os *Fire1Prefab* da janela *Hierarchy* e retorne ao *Visual Studio* e abra o Script *PlayerScript* e digite o código da **Listagem 3.8** .

Listagem 3.8 – Script PlayerScript.cs (Lançando o Projétil)

```
public class PlayerScript : MonoBehaviour {
    ...
    public GameObject Fire1Prefab;

    void Start ()
    {
        ...
    }

    void Update()
    {
        ...
        transform.position = new Vector3(transform.position.x,-1.6f,transform.
position.z);
        if (Input.GetKeyDown("space"))
        {
            Instantiate(Fire1Prefab);
        }
    }

}
```

O código da **Listagem 3.8** cria uma instância do projétil de fogo em **tempo de execução**. A função *GetKeyDown* retorna *true* quando o usuário **mantém** pressionada a tecla identificada pelo nome. A função *Instantiate* instancia um objeto, ou seja, ele clona o objeto original e retorna o objeto clonado.

2. Retorne ao *Unity 3D* e na janela *Hierarchy* selecione *Player*, e no componente *Script* da janela *Inspector* adicione no parâmetro *Fire 1Prefab* o *Fire1Prefab* que foi criado anteriormente.(**Veja a Figura 3.23**).

Figura 3.23 – Parâmetro Fire1Prefab

3. Execute o jogo e mova o jogador e fique apertando o botão espaço. Os projeteis serão lançados, mas não acompanham a posição do jogador, e para que isso funcione, modifique o código como mostrado na **Listagem 3.9**.

Listagem 3.9 – Script PlayerScript.cs (Lançando o Projétil seguindo o jogador)

```
public class PlayerScript : MonoBehaviour {

    ...
    void Start ()
    {
        ...
    }
    void Update()
    {
        ...
        if (Input.GetKeyDown("space"))
        {
            Instantiate(Fire1Prefab,transform.position,Quaternion.identity);
        }
    }
}
```

A instrução "*Quanternion.identity*" corresponde à "não rotação": o objeto é perfeitamente alinhado aos eixos do ambiente ou eixos do pai

4. Feitas as alterações, execute o jogo e, dessa vez, o tiro deve acompanhar o jogador.

Quando o projétil é lançado com o jogador em movimento, o tiro fica desalinhado, para isso altere o código como na **Listagem 3.10**.

56 | Desenvolvendo Games Com Unity 3D

Listagem 3.10 – Script PlayerScript.cs (Alinhando o tiro com o jogador)

```
public class PlayerScript : MonoBehaviour {

    ...
    void Start ()
    {
      ...
    }

    void Update()
    {
      ...
      if (Input.GetKeyDown("space"))
      {
          Vector3 position = new Vector3(transform.position.x, transform.
position.y +
        (transform.localScale.y / 2));
        Instantiate(Fire1Prefab, position, Quaternion.identity);
      }
    }

}
```

"Transform.localScale.y" é usado para a escala da transformação em relação ao pai na coordenada y. Na função *Instantiate* a instância de position foi utilizada para determinar a posição do projétil.

5. Execute o jogo. Movimente e fique atirando e observe que o tiro sairá alinhado com o jogador.

3.7 Adicionando Som ao Game

Nesta parte será demonstrada a criação de sons que poderão ser utilizados para várias finalidades nos jogos, e haverá indicação de como adicionar esses sons ao game na *Unity 3D*. A ferramenta usada para gerar os efeitos sonoros será a *SFXR*, por ser um programa Freeware e oferecer recursos necessários para o desenvolvimento deste game

Abra seu browser e digite http://www.drpetter.se/project_sfxr.html e faça o download do sfxr.zip. (O DVD acompanha esse programa). Descompacte o programa e execute. Do lado esquerdo temos vários exemplos predefinidos para a criação do efeito sonoro. Para isso, escolha Laser e mude os efeitos como desejar (**Veja a Figura 3.24**)

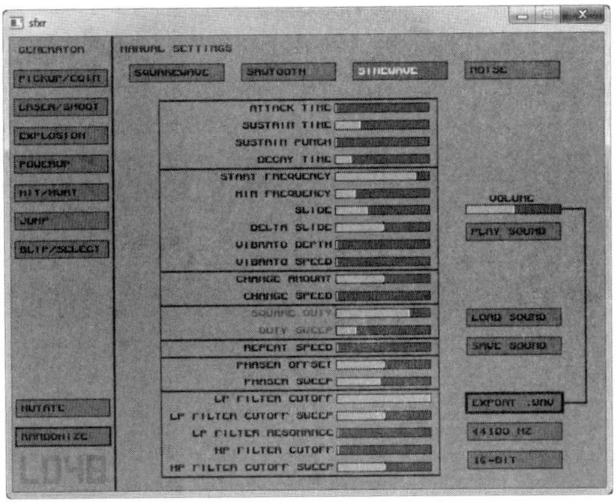

Figura 3.24 – SFXR

3. Clique em *Export .wav* e salve o som com o nome *"Laser"* na área de trabalho .

4. Escolha *Explosion*, mude os efeitos como desejar e depois salve com o nome de *"Explosion"* na área de trabalho.

5. Retorne ao Unity 3D e crie uma pasta com o nome de *"Sounds"*. Arraste os sons criados para essa pasta. (**Veja a Figura 3.25**).

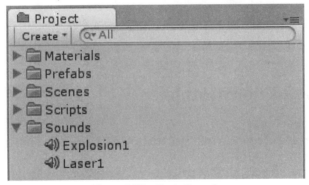

Figura 3.25 – Pasta Sounds

6. Selecione *Fire1Prefab*, e depois vá ao menu *Component -> Audio -> Audio Source*.

7. Na janela *Project*, selecione o arquivo *Laser1* e o arraste para a janela *Inspector*, no componente *Audio Source*, no parâmetro *AudioClip*. (**Veja a Figura 3.26**).

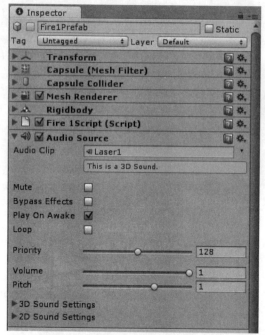

Figura 3.26 – Fire1Prefab – Componente Audio Source

8. Execute o jogo e quando atirar, o som irá tocar.

3.8 Criação do Inimigo

Nesta parte será criado o inimigo. No caso desse jogo, seriam os asteroides.

1. No menu, selecione *GameObject -> Create Other -> Sphere*.

2. Altere o nome para "*Enemy*", e as posições X, Y, Z = 0, 4, 0 e as escalas X, Y, Z = 1.5, 1.5, 1.5.

3. Crie um material e altere o nome para "*EnemyMaterial*". Coloque a cor marrom para esse material. Depois mova o material para *Enemy*. (Veja o resultado dos passos na **Figura 3.27**).

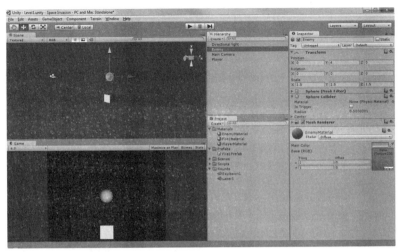

Figura 3.27 – Passos na criação do Enemy

3.9 Criação do Script do Inimigo

Nesta parte será criado um script para o inimigo, e é nele que o asteroide terá a função de movimentação, rotação, entre outros no jogo.

1. Crie um novo Script com o nome de *"EnemyScript"*. Abra o script e altere o nome da classe para *"EnemyScript"*.

2. Selecione o *EnemyScript* e arraste em *Enemy*. Abra o script com o *Visual Studio* e digite o código como a **Listagem 3.11**.

Listagem 3.11 – Script EnemyScript.cs (Inimigo percorre para baixo)

```
public class EnemyScript : MonoBehaviour {

    public float minSpeed;
    public float maxSpeed;
    public float currentSpeed;

    void Start ()
    {
        currentSpeed = Random.RandomRange(minSpeed,maxSpeed);
    }

    void Update () {
        float amtToMove = currentSpeed * Time.deltaTime;
```

```
        transform.Translate(Vector3.down * amtToMove);
    }

}
```

3. Retorne ao *Unity 3D*, selecione o objeto *Enemy* e no componente *Script* mude os valores *Min Speed* = 4 e *Max Speed* = 6.

4. Execute o jogo várias vezes e observe que o parâmetro *Current Speed* é alterado a cada execução. **(Veja a Figura 3.28).**

Figura 3.28 – Velocidade gerada randomicamente

A classe *Random* é responsável por gerar valores aleatórios. A função *RandomRange* retorna valores aleatórios entre um número mínimo e máximo.

Para a movimentação do objeto foi utilizado *Vector3.down*, uma vez que objeto irá cair ou seja descer.

Até o prezado momento, o inimigo percorre para baixo, iniciando sempre na mesma posição. Para deixar o jogo mais divertido e desafiador, será adicionado um código que fará que o inimigo apareça em lugares diferentes. Altere o código como na **Listagem 3.12**

Listagem 3.12 – Script EnemyScript.cs (Inimigo aparece em lugares diferentes na parte de cima)

```
public class EnemyScript : MonoBehaviour {

    ...
    private float currentSpeed;
    private float x, y, z;

    void Start ()
    {
      currentSpeed = Random.RandomRange(minSpeed,maxSpeed);
      x = Random.RandomRange(-6f, 6f);
      y = 10.0f;
      z = 0.0f;
      transform.position = new Vector3(x, y, z);
```

```
    }
    void Update ()
    {
        ...
    }
}
```

5. Execute o jogo várias vezes e dessa vez o inimigo irá aparecer em diferentes lugares e cairá.

Ao executar o jogo o inimigo irá cair, e continuará caindo até que o jogo seja parado. Será feito um código que quando o inimigo chegar a uma determinada posição na parte de baixo, ele seja transferido para outra posição em cima.

6. A primeira coisa a fazer é analisar na janela game, as posições iniciais e finais do inimigo (cima,baixo,direito,esquerdo). (**Veja a Figura 3.29**).

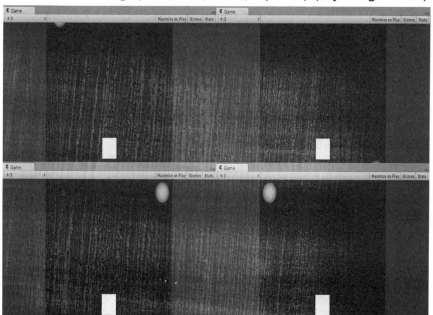

Figura 3.29 – Captura de posições do inimigo

7. Altere o código com na **Listagem 3.13**.

Listagem 3.13 – Script EnemyScript.cs (Inimigo transferido para uma posição na parte superior)

```
public class EnemyScript : MonoBehaviour {

  ...
  void Start ()
  {
    ...
  }

  void Update ()
  {
    ...
    transform.Translate(Vector3.down * amtToMove);
    if (transform.position.y <= -2)
    {
      currentSpeed = Random.RandomRange(minSpeed, maxSpeed);
      x = Random.RandomRange(-6f, 6f);
      transform.position = new Vector3(x, y, z);
    }
  }

}
```

8. Execute o jogo e observe que quando o inimigo chega na posição y =-2 é transferido para posição y = 10 .

Apesar de o código funcionar, existe duplicações nas funções. Para isso será feita uma otimização do código, criando uma função que possa ser usada por Start() e *Update()* .

Altere totalmente o código fonte de acordo com a **Listagem 3.14.**

Listagem 3.14 – Script EnemyScript.cs (Otimização do código)

```
public class EnemyScript : MonoBehaviour
{
  public float minSpeed;
  public float maxSpeed;
  public float currentSpeed;
  private float x, y, z;

  void Start ()
  {
    SetPositionAndSpeed();
  }

  void Update ()
  {
```

```
    float amtToMove = currentSpeed * Time.deltaTime;
    transform.Translate(Vector3.down * amtToMove);

    if (transform.position.y <= -2)
    {
      SetPositionAndSpeed();
    }
  }

  void SetPositionAndSpeed()
  {
    currentSpeed = Random.RandomRange(minSpeed, maxSpeed);

    x = Random.RandomRange(-6f, 6f);
    y = 10.0f;
    z = 0.0f;
    transform.position = new Vector3(x, y, z);
  }

}
```

3.10 Colisão do Projétil

Nesta parte será utilizado o componente *Capsule Collider* para trabalhar com colisões.

1. Vá na janela *Hierarchy* do *Unity 3D*, selecione *Enemy* e na janela *Inspector* no componente *Sphere Collider*, ative o parâmetro *Is Trigger* clicando na caixa ao lado. O parâmetro Is Trigger informa se a colisão de um objeto é ativada por um gatilho. (**Veja a Figura 3.30**).

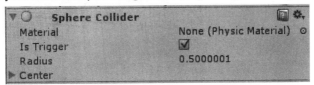

Figura 3.30 – Componente Capsule Collider

2. Na janela Inspector em *Tag*, selecione *Add Tag* . Em *Tag Manager*, clique em *Tags* e em *Element 0* escreva *"enemy"* . É através da *tag* que é possível identificar um objeto do jogo. Veja os passos na **Figura 3.31**.

64 | Desenvolvendo Games Com Unity 3D

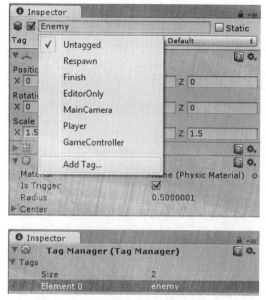

Figura 3.31 – Adicionado Tag para Enemy

Nota: As Tags devem ser declaradas no Gerenciador de Tags antes de serem utilizadas.

3. Retorne a janela *Hierarchy*, selecione *Enemy* e na janela *Inspector* em *Tag*, selecione *enemy* . (**Veja a Figura 3.32**).

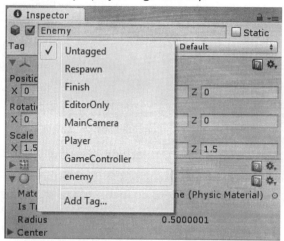

Figura 3.32 – Escolhendo a tag enemy

4. No *Visual Studio*, abra o script *Fire1Script* e altere o código como na **Listagem 3.15**.

Listagem 3.15 – Script Fire1Script.cs (Colisão)

```
public class Fire1Script : MonoBehaviour {

    ...

    void Start ()
    {
    }

    void Update ()
    {
    ...
    }

    void OnTriggerEnter(Collider otherObject)
    {
        Debug.Log("Colisão " + otherObject.name);
    }

}
```

A detecção de colisões entre objetos durante o jogo é de responsabilidade do motor físico. Adicionando um componente *Collider*, o objeto passa a se comportar de um modo diferente quando algum objeto colide com ele (muda direção, explosão), respondendo a colisão. Além de sua função principal na simulação física, esses componentes também podem ser utilizados como *Triggers*, ou seja, elementos que ativam o processamento de um trecho de código, caso ocorra uma colisão com esses.

O código da **Listagem 3.15** será executado assim que o projétil colidir com outro GameObjet. Após a colisão, a função *OnTriggerEnter* é chamada e a mensagem retorna ao Console .

> **Nota:** Os eventos de Trigger são enviados apenas se um dos Colliders também tem um Rigidbody anexado.

5. Execute o jogo, atire na bolinha e observe que na janela do console aparecerá a mensagem. Caso você erre o tiro, não ira aparecer nada. **(Veja a Figura 3.33)**.

66 | Desenvolvendo Games Com Unity 3D

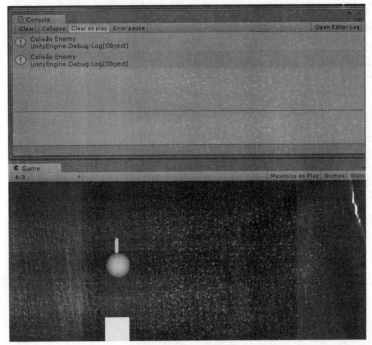

Figura 3.33 – Colisão

6. Altere o código como na **Listagem 3.16**.

Listagem 3.16 – Script Fire1Script.cs (Componente Sphere Collider é removido)

```
public class Fire1Script : MonoBehaviour {

    ...
    void Start ()
    {
    }
    void Update ()
    {
        ...
    }
    void OnTriggerEnter(Collider otherObject)
    {
      if (otherObject.tag == "enemy")
      {
        Destroy(otherObject);
```

                }
        }

}

7. Execute o jogo, acerte o inimigo e observe o que aconteceu. Se você não conseguiu perceber a diferença, é porque a diferença não está no jogo e sim na janela Inspector. Ao acertar o inimigo, o componente Sphere Collider é removido. Isso acontece devido ao fato do *otherObject* ser *Sphere Collider* . (**Veja a Figura 3.34**).

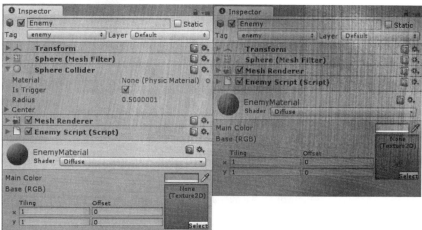

Figura 3.34 – Componente Sphere Collider removido após a colisão

8. O correto seria o inimigo ser destruído ao receber o tiro e não o componente *Sphere Collider*. Altere o código como na **Listagem 3.17** para corrigir esse erro.

Listagem 3.17 – Script Fire1Script.cs (Inimigo é destruido)

```
public class Fire1Script : MonoBehaviour {
    
    ...
    
    void Start ()
    {
```

68 | Desenvolvendo Games Com Unity 3D

```csharp
    }

    void Update ()
    {
        ...
    }

    void OnTriggerEnter(Collider otherObject)
    {
        if (otherObject.tag == "enemy")
        {
            Destroy(otherObject.gameObject);
        }
    }

}
```

9. Execute o jogo e acerte o inimigo.

Ao acertar o inimigo, esse irá desaparecer. Apesar da lógica ser correta, seria mais vantajoso que o inimigo fosse destruído e continuasse caindo no ambiente. Para isso usaremos a seguinte lógica: Ao acertar o inimigo, esse será movido para uma posição em cima e continuará caindo repetidamente. Altere o código como na **Listagem 3.18**.

Listagem 3.18 – Script Fire1Script.cs (Inimigo é movido para um posição superior)

```csharp
public class Fire1Script : MonoBehaviour {

    ...

    void Start ()
    {
    }

    void Update ()
    {
        ...
    }

    void OnTriggerEnter(Collider otherObject)
    {
        if (otherObject.tag == "enemy")
        {
            otherObject.transform.position = new Vector3
(otherObject.transform.position.x,                     10.0f,
```

Capítulo 3 - Desenvolvimento do Jogo | 69

```
otherObject.transform.position.z);
    }
  }

}
```

10.Execute o jogo e acerte o inimigo.

Observe que esse retornará à sua posição x= 10 e continuará caindo, mas sempre na mesma posição. Para melhorar, será feito um código que quando o inimigo for acertado ele apareça em posições diferentes.

11. Vá ao script *EnemyScript* e altere o código como na **Listagem 3.19**.

Listagem 3.19 – Script EnemyScript.cs (Inimigo é movido para posições diferentes)

```
public class EnemyScript : MonoBehaviour
{
  ...

  void Start ()
  {
    ...
  }

  void Update ()
  {
    ...
  }

  public void SetPositionAndSpeed()
  {
    ...
  }

}
```

Uma vez que uma função seja pública, será possível acessar essa função de fora por outra classe.

12. Volte ao Script *Fire1Script* e altere o código como na **Listagem 3.20**.

Listagem 3.20 – Script Fire1Script.cs (Acessando uma função de fora)

```
public class Fire1Script : MonoBehaviour {

    ...

    void Start ()
    {
    }

    void Update ()
    {
        ...
    }

    void OnTriggerEnter(Collider otherObject)
    {
        if (otherObject.tag == "enemy")
        {
            EnemyScript enemyScript = (EnemyScript)otherObject.gameObject.
GetComponent("EnemyScript");
            enemyScript.SetPositionAndSpeed();
        }
    }

}
```

No código da **Listagem 3.20** foi utilizado *GetComponent*. Esse método pode ser usado para se obter a referência a qualquer componente vinculado ao objeto ao qual o script em questão esteja acoplado (ou a qualquer objeto do qual se tenha uma referência em uma variável).

13. Execute o jogo e observe que o projétil ao atingir o inimigo, ele continua percorrendo o ambiente. Para melhorar, será adicionado um código para que quando o projétil atingir o inimigo, ele desapareça.

14. Altere o código como a **Listagem 3.21**.

Listagem 3.21 – Script Fire1Script.cs (Projétil desaparecerá ao atingir o inimigo)

```
public class Fire1Script : MonoBehaviour {

    ...

    void Start ()
    {
    }
```

```
    void Update ()
    {
      ...
    }

    void OnTriggerEnter(Collider otherObject)
    {
      if (otherObject.tag == "enemy")
      {
          EnemyScript enemyScript = (EnemyScript)otherObject.gameObject.
GetComponent("EnemyScript");
          enemyScript.SetPositionAndSpeed();

          Destroy(gameObject);
      }
    }
}
```

15. Execute o jogo e observe que, ao atingir o inimigo, o tiro desaparecerá.

3.11 Efeito de Explosão

Nesta parte será criado efeito de explosão que será utilizado pelo inimigo quando esse for atingido pelo projétil.

1. Vá ao menu, selecione *GameObject -> Create Other -> ParticleSystem*.

2. Na janela *Inspector* mude o nome para *"Explosion"*.

3. No componente *Transform*, coloque a posição X, Y, Z = 0, 5, 0.

4. No componente *Particle Animator* altere *Color Animation[0]* até *Color Animation[4]* as cores que você achar conveniente para explosões .

5. No componente *Ellipsoid Particle Emitter*, altere *Min Size* = 0,7 e *Max Size* = 1. Habilite o parâmetro One Shot, clicando na caixa de seleção. Vá ao parâmetro *Tangent Velocity* e altere os valores de X = 3 Y = 0 Z = 3. Altere os parâmetros de *Min Emission* = 250 e *MaxEmission* = 300. Altere os parâmetros de *Min Energy* = 0,5 e *MaxEnergy* = 1 .

6. No componente *Particle Renderer*, ative a opção *Autodestruct*.

O resultado final pode ser visto na **Figura 3.35**. Para facilitar a compreensão dos parâmetros que foram alterados, veja a **Tabela 3.1**.

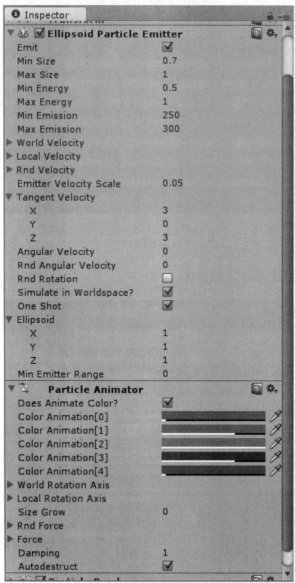

Figura 3.35 – Parâmetro de Explosion

MinSize	É o tamanho mínimo de cada partícula no momento que é gerada.
MaxSize	É o tamanho máximo de cada partícula no momento que é gerada.
One Shot	Se ativado, o número de partículas especificado por Min e Max é gerado de uma só vez. Se desabilitado, as partículas são geradas constantemente.
Tangent Velocity	A velocidade de partida das partículas ao longo de X, Y e Z.
Min Emission	O número mínimo de partículas que serão geradas a cada segundo.
Max Emission	O número máximo de partículas que serão geradas a cada segundo.
MinEnergy	A duração mínima de cada partícula a cada segundos.
MaxEnergy	A duração máxima de cada partícula, a cada segundos.
Autodestruct	Se ativado, o GameObject anexado ao Animador de partícula será destruído quando todas as partículas desaparecerem.

Tabela 3.1 – Parâmetros do ParticleSystem

3.12 Colocando a Explosão para Funcionar

Nesta parte será iniciado o funcionamento da explosão.

1. Crie um novo *Prefab* e coloque o nome para *"ExplosionPrefab"*.

2. Na janela *Hierarchy* arraste *Explosion* para *ExplosionPrefab* e depois apague *Explosion*.

3. Selecione *ExplosionPrefab* na janela *Project*, vá ao menu *Component* -> *Audio* -> *Audio Source* . No parâmetro Audio Clip coloque o áudio *Explosion1*.

4. Abra o Script *Fire1Script* e altere o código como na **Listagem 3.22**.

Listagem 3.22 – Script Fire1Script.cs (Efeito de explosão)

```
public class Fire1Script : MonoBehaviour {

    ...
    public GameObject ExplosionPrefab ;

    void Start ()
    {
    }

    void Update ()
    {
        ...
    }

    void OnTriggerEnter(Collider otherObject)
    {
        if (otherObject.tag == "enemy")
        {
            EnemyScript enemyScript = (EnemyScript)otherObject.gameObject.
GetComponent("EnemyScript");
            Instantiate(ExplosionPrefab, enemyScript.transform.position,
enemyScript.transform.rotation);
            enemyScript.SetPositionAndSpeed();
            Destroy(gameObject);
        }
    }
}
```

5. Retorne ao *Unity 3D*, selecione *Fire1Prefab* na janela *Project*. E no parâmetro *Explosion Prefab* arraste *ExplosionPrefab*. (Veja o resultado dos passos na **Figura 3.36**).

Capítulo 3 - Desenvolvimento do Jogo | 75

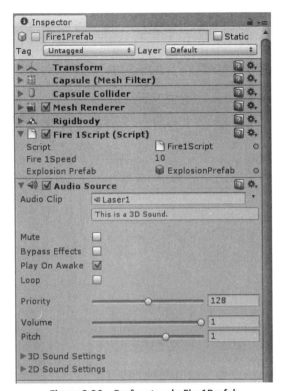

Figura 3.36 – Parâmetro do Fire1Prefab

6. Execute e atire no inimigo e observe que quando o inimigo é atingido, o efeito de explosão aparece. (**Veja a Figura 3.37**).

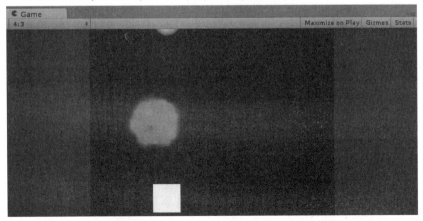

Figura 3.37 – Efeito de explosão em funcionamento

3.13 Uma Tela para Pontuação e para Vida.

Nesta parte será elaborada uma forma de demonstrar ao jogador a pontuação e sua vida no jogo.

1. Vá ao script *PlayerScript* e digite o código como na **Listagem 3.23** .

Listagem 3.23 – Script PlayerScript.cs (Demonstrar pontuação e vida do jogador)

```
public class PlayerScript : MonoBehaviour {
    ...
    public static int scores = 0;
    public static int lives = 3;

    void Start ()
    {
        ...
    }

    void Update ()
    {
        ...
    }

    void OnGUI()
    {
        GUI.Label(new Rect(10,10,105,20),"Pontuação: " + PlayerScript.scores.
ToString());
        GUI.Label(new  Rect(10,30,60,20), "Vida: " + PlayerScript.lives.
ToString());
    }

}
```

A palavra-chave *static* significa que é compartilhada através de todas as instâncias do script. A função *OnGUI* é chamado para processamento e manipulação de eventos *GUI*. Isto significa que a sua implementação *OnGUI* poderia ser chamado várias vezes por frame (uma chamada por evento). A Classe *GUI* é uma interface gráfica para a unidade com posicionamento manual. A função *label* é utilizada para imprimir um texto na tela. A estrutura *Rect* é usada principalmente para operações 2D. Um retângulo 2D definida por x, y. *ToString()* é usado para retornar o valor formatado como string. No caso a variável inteira é retornada como string.

2. Execute o jogo e observe que na parte esquerda superior aparecerá o texto *"Pontuação : 0"* e *"Vida:3"*. (**Veja a Figura 3.38**).

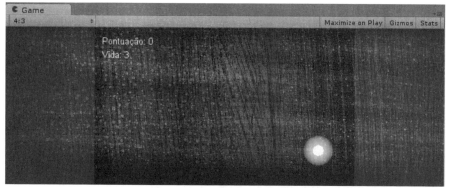

Figura 3.38 – Texto de pontuação na tela do jogo

3.14 Colocando a Pontuação para Funcionar

Nesta parte será um adicionado um código para incrementar a pontuação do jogador ao acertar o inimigo.

1. Altere o código do script Fire1Script como na **Listagem 3.24**.

Listagem 3.24 – Script Fire1Script.cs (Pontuação em funcionamento)
```
public class Fire1Script : MonoBehaviour {

   ...

   void Start ()
   {
   }

   void Update ()
   {
      ...
   }

   void OnTriggerEnter(Collider otherObject)
   {
     if (otherObject.tag == "enemy")
     {
       ...
       Destroy(gameObject);
```

```
        PlayerScript.scores += 100;
    }

  }
}
```

2. Execute o projeto e acerte o inimigo e observe que será incrementada a pontuação. (**Veja a Figura 3.39**).

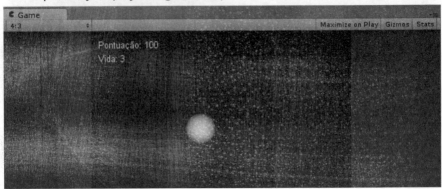

Figura 3.39 – Incremento da pontuação ao acertar inimigo

3.15 Destruindo o Jogador

Nesta parte será criada uma forma que quando o jogador colidir com o asteróide, o jogador seja destruído.

1. Selecione Player na janela *Hieranchy*, vá ao menu *Component -> Physics -> RigidBody* .

2. Na janela Inspector, no componente *Rigidbody*, desative o parâmetro *Use Gravity* e ative *Is Kinematic* .(**Veja a Figura 3.40**) .

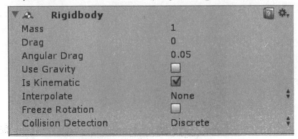

Figura 3.40 – Componente Rigidbody

3. Abra o script *PlayerScript* e digite o código como na **Listagem 3.25**.

Listagem 3.25 – Script PlayerScript.cs (Variavel ExplosionPrefab)

```
public class PlayerScript : MonoBehaviour {
    ...
    public GameObject Fire1Prefab;
    public GameObject ExplosionPrefab;
    ...

    void Start ()
    {
        ...
    }

    void Update ()
    {
        ...
    }

    void OnGUI()
    {
        ...
    }

}
```

4. Volte à janela *Project*, e faça uma cópia do *ExplosionPrefab*(*Menu Edit -> Duplicate*) e mude o nome para *ExplosionPrefab2* .

5. Selecione *ExplosionPrefab2* e na janela *Inspector*, no componente *Particle Animator*, mude as cores para que possamos diferenciar da primeira explosão criada. Altere o som e outros parâmetros que você desejar.

6. Na janela *Hierarchy* selecione *Player* e no componente *Script*, no parâmetro *Explosion Prefab*, adicione *ExplosionPrefab2*.

7. Abra o script *PlayerScript* e digite o código como na **Listagem 3.26**.

80 | Desenvolvendo Games Com Unity 3D

Listagem 3.26 – Script PlayerScript.cs (Explosão do jogador em funcionamento)

```
public class PlayerScript : MonoBehaviour {
  ...

  void Start ()
  {
    ...
  }

  void Update ()
  {
    ...
  }

  void OnGUI()
  {
    ...
  }

  void OnTriggerEnter(Collider otherObject)
  {
    if (otherObject.tag == "enemy")
    {
      PlayerScript.lives--;
          EnemyScript enemyScript = (EnemyScript)otherObject.gameObject.
GetComponent("EnemyScript");
        enemyScript.SetPositionAndSpeed();
       Instantiate(ExplosionPrefab, transform.position, Quaternion.identity);
    }
  }


}
```

8. Execute e fique colidindo com o inimigo e observe que a explosão é ativada e a vida do jogador é decrementada. (**Veja a Figura 3.41**).

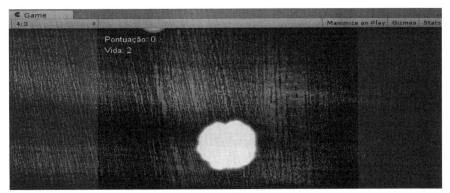

Figura 3.41 – Explosão em funcionamento

Será feito uma melhoria no jogo, adicionando um recurso que quando o jogador colide com o inimigo ele desaparece, e aparece na posição programada, depois de um certo intervalo de tempo.

9. Abra o script *PlayerScript* e altere o código como na **Listagem 3.27**.

Listagem3.27 – Script PlayerScript.cs (Jogador desaparece e aparece em uma posição)

```
public class PlayerScript : MonoBehaviour {
   ...
   void Start ()
   {
      ...
   }
   void Update ()
   {
      ...
   }
   void OnGUI()
   {
      ...
   }
   void OnTriggerEnter(Collider otherObject)
   {
     if (otherObject.tag == "enemy")
     {
       ...
       Instantiate(ExplosionPrefab, transform.position, Quaternion.identity);
       StartCoroutine(DestroyShip());
```

```
    }
  }

  IEnumerator DestroyShip()
  {
    Instantiate(ExplosionPrefab, transform.position, Quaternion.identity);
    gameObject.renderer.enabled = false;
    transform.position = new Vector3(0f, transform.position.y, transform.
position.z);
    yield return new WaitForSeconds(1.5f);
    gameObject.renderer.enabled = true;

  }

}
```

Coroutine é muito utilizado para executar uma corrotina que pode ser interrompida a qualquer momento. Ao usar a linguagem *JavaScript* não seria necessário usar *StartCoroutine*, pois o compilador iria fazer automaticamente. Ao escrever o código em *C#*, é obrigatório chamá-la. *StartCorutine* é uma função da classe *MonoBehaviour* e é usado para executar uma co-rotina. *Inumerator* é usado para declarar uma função de rotina.

Renderer.enabled =false é usado para desabilitar a renderização do jogador. A declaração *Yied* é usado para utilizar a função *waitForSeconds*, cuja função é esperar por um alguma execução em um determinado segundo. *Renderer.enabled =true* é usado para habilitar a renderização do jogador após a execução da rotina.

10. Execute e observe que quando o jogador colide com o inimigo, ele desaparece e aparece na posição programada. Existe um bug que estarei comentando com vocês. Mova o jogador ao ser destruído e veja que este estará em uma posição diferente daquela que foi programado no código. Do mesmo modo acontece quando o jogador continua atirando ao ser destruído. Esses erros serão corrigidos ao decorrer desse livro. (**Veja a Figura 3.42**).

Capítulo 3 - Desenvolvimento do Jogo | 83

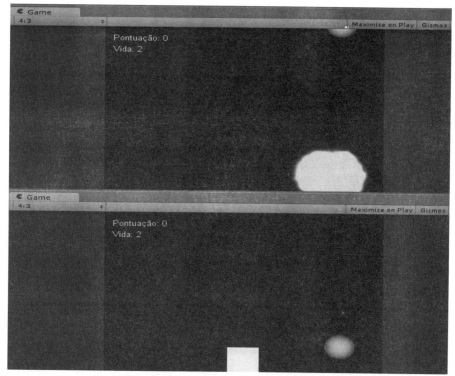

Figura 3.42 – Jogador desaparece e aparece

3.16 Incrementando os Asteróides que não foram Destruídos

Nesta parte será adicionado um código para incrementar no menu do jogo todos os asteroides que não foram destruídos.

1. Abra o script *PlayerScript* e digite o código da **Listagem3.28**.

Listagem 3.28 – Script PlayerScript.cs (Asteróides que foram destruídos)
```
public class PlayerScript : MonoBehaviour {
   ...
   public static int lives = 3;
   public static int missed = 0;

   void Start ()
   {
```

84 | Desenvolvendo Games Com Unity 3D

```
    ...
    }

    void Update ()
    {
        ...
    }

    void OnGUI()
    {
        ...
        GUI.Label(new  Rect(10,30,60,20), "Vida:  "  +  PlayerScript.lives.
ToString());
        GUI.Label(new Rect(10, 50,80, 20), "Perdidos: " + PlayerScript.missed.
ToString());
    }

    void OnTriggerEnter(Collider otherObject)
    {
        ...
    }

    IEnumerator DestroyShip()
    {
        ...
    }

}
```

2. Abra o script *EnemyScript* e digite o código da **Listagem3.29**.

Listagem 3.29 – Script EnemyScript.cs (Asteróides que foram destruídos)

```
public class EnemyScript : MonoBehaviour
{
    ...

    void Start ()
    {
        ...
    }

    void Update ()
    {
        ...
        if (transform.position.y <= -2)
        {
            SetPositionAndSpeed();
            PlayerScript.missed++;
        }
    }
```

```
public void SetPositionAndSpeed()
{
    ...
}
}
```

3. Execute o jogo e deixe o inimigo descer e observe que é incrementado o número de inimigos não destruídos. (**Veja a Figura 3.43**).

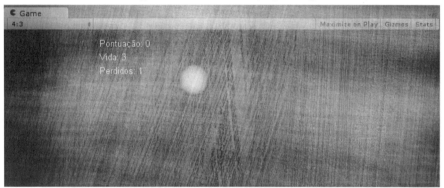

Figura 3.43 – Inimigos perdidos

3.17 Desenvolvendo o Menu Principal do Jogo

Nesta parte será construído o menu Principal, que terá um botão para dar início ao jogo.

1. Vá ao menu *File* e clique em *New Scene*.

2. No menu, clique em *File* -> Save *Scene As* e na pasta *Scenes* salve com o nome "*MainMenuScene*".

3. Na janela Hierarchy, selecione o GameObject *Main Camera* e na janela *Inspector*, no componente *Camera*, mude o parâmetro *BackGround Color* para preto.

4. Seguindo os mesmo passos, crie dois novos *Scenes* com o nome "*WinScene*" e "*LoseScene*" e mude o parâmetro *BackGround Color* para

preto. (Veja o resultado dos passos na **Figura 3.44**).

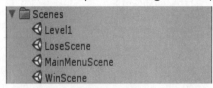

Figura 3.44 – Scenes que foram criados

6. Vá ao menu *File* -> *Build Setting* e uma janela irá se abrir. Esta janela serve para configurar as *scenes* que serão usados no jogo. A primeira *scene* será sempre aquela a ser executado no inicio do jogo.

7. Na janela *Project*, selecione *MainMenuScene* e arraste para a janela Build Setting e faca o mesmo para *Level1*, *LoseScene*, *WinScene*. À medida que forem adicionados, são gerados números que servirão para diferenciar as scenes. (**Veja a Figura 3.45**).

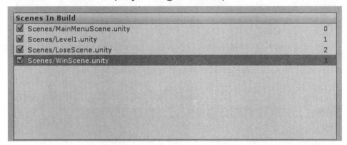

Figura 3.45 – Scenes adicionadas na janela Build Setting

7. Na parte de baixo da janela é possível selecionar qual tipo você deseja exportar seu jogo. Nesta engine temos versão web, Windows e Mac. (**Veja a Figura 3.46**).

Figura 3.46 – Opções de Exportação

8. Feche a janela de build.

9. Crie um novo script e mude o nome para *"MainMenuScript"*. (Lembre-se de alterar o nome da classe).

10. Adicione o código como o da **Listagem 3.30.**

Listagem3.30– Script MainMenuScript.cs (Informações na cena principal)

```
public class MainMenuScript : MonoBehaviour
{
    private string instructionText = "Instrução : \nPressione seta esquerda e direita para se mover. \nPressione tecla espaço para atirar.";

    void Start ()
    {
    }

    void Update ()
    {
    }

    void OnGUI()
    {
       GUI.Label(new Rect(10, 10, 200, 200), instructionText);
    }
}
```

11. Abra MainMenuScene, dando dois cliques em MainMenuScene.

12. Selecione o script MainMenuScript e o arraste para MainCamera de MainMenuScene. (**Veja a Figura 3.47**).

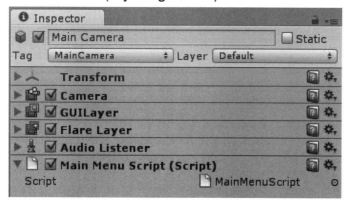

Figura 3.47 – Janela Inspector de MainMenuScene

13. Execute o jogo e observe que aparecerão as informações do jogo na tela. (**Veja a Figura 3.48**).

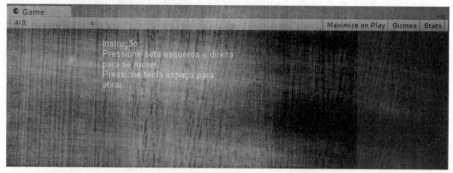

Figura 3.48 – Script MainMenu em funcionamento

14. Será adicionado um botão na scene MainMenuScene. Retorne ao MainMenuScript e altere o código como na **Listagem 3.31** .

Listagem 3.31– Script MainMenuScript.cs (Botão no menu principal)

```
public class MainMenuScript : MonoBehaviour {

   private string instructionText = "Instrução : \nPressione seta esquerda e direita para se mover. \nPressione tecla espaço para atirar.";

    private int buttonWitdh = 200;
    private int buttonHeight = 50;

    void Start ()
    {
    }

    void Update ()
    {
    }

    void OnGUI()
    {
      GUI.Label(new Rect(10, 10, 200, 200), instructionText);
      GUI.Button(new Rect(Screen.width / 2 - buttonWitdh / 2,
                         Screen.height/2 - buttonHeight / 2, buttonWitdh, buttonHeight), "Comece o jogo");
    }
  }
```

Button é utilizado para gerar botões. *Screen.with* é usado para configurar a largura da janela da tela em pixel e *Screen.height* a altura da janela. As variáveis *buttonWith* e *buttonHeigth* são utilizadas para configurar a largura e altura do botão

15. Execute o jogo e observe que o botão aparece centralizado na tela. (Veja a **Figura 3.49**).

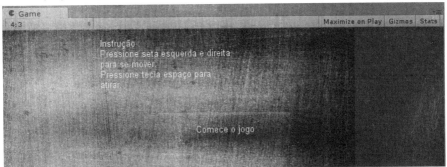

Figura 3.49 – Botão na scene MainMenuScene

Para terminarmos o funcionamento do botão, será feito um código que fará com que quando o botão for clicado, seja executado a scene *Level1* (configurado como número um).

16. Altere o código do script *MainMenuScript* como na **Listagem 3.32**.

Listagem 3.32– Script MainMenuScript.cs (Execução do botão)

```
public class MainMenuScript : MonoBehaviour {

   ...

   void Start ()
   {
   }

   void Update ()
   {
   }

   void OnGUI()
   {
     GUI.Label(new Rect(10, 10, 200, 200), instructionText);
     if(GUI.Button(new Rect(Screen.width / 2 - buttonWitdh / 2,
                    Screen.height/2 - buttonHeight / 2, buttonWitdh, buttonHeight), "Comece o jogo"))
        {
           Application.LoadLevel(1);
        }
```

90 | Desenvolvendo Games Com Unity 3D

```
    }
}
```

17. Execute o jogo e clique no botão para abrir a scene *Level1*.

3.18 Desenvolvendo a Cena LoseScene

Nesta parte será construído a cena *LoseScene* . Esta cena será mostrada quando o jogador perder o jogo (No caso do jogador ser atingido três vezes pelo inimigo ou se o inimigo descer três vezes).

1. Na janela Project, crie um novo script com o nome de "*LoseScript*". (Lembre-se de alterar o nome da classe).

2. Retorne ao *Unity 3D,* abra a scene *LoseScene* e mova *LoseScript* para *MainCamera* na janela *Hierarchy*.

3. Abra o script *LoseScript* e digite o código como na **Listagem 3.33** .

Listagem3.33– Script LoseScript.cs (Informações na cena LoseScript)

```
public class LoseScript : MonoBehaviour {

    private int buttonWitdh = 200;
    private int buttonHeight = 50;

    void OnGUI()
    {
        if (GUI.Button(new Rect(Screen.width / 2 - buttonWitdh / 2,Screen.
height / 2 - buttonHeight /2, buttonWitdh, buttonHeight), "Game Over\nJogar
Novamente?"))
        {
            PlayerScript.scores = 0;
            PlayerScript.lives = 3;
            PlayerScript.missed = 0;
            Application.LoadLevel(1);
        }
    }

}
```

4. Abra o script *PlayerScript* e digite o código como na **Listagem 3.34** .

Listagem 3.34– Script PlayerScript.cs (Carregando a cena LoseScene se a vida do jogador for menor que zero)

```
public class PlayerScript : MonoBehaviour {
  ...

  void Start ()
  {
    ...
  }

  void Update ()
  {
    ...
  }

  void OnGUI()
  {
    ...
  }

  void OnTriggerEnter(Collider otherObject)
  {
    ...
  }

  IEnumerator DestroyShip()
  {
    ...
    yield return new WaitForSeconds(1.5f);

   if (PlayerScript.lives > 0)
     gameObject.renderer.enabled = true;
   else
     Application.LoadLevel(2);

  }

}
```

5. Abra o script *EnemyScript* e altere o código como na **Listagem 3.35**

Listagem 3.35– Script EnemyScript.cs (Carregando a cena LoseScene se os asteróides perdidos for maior que três)

```
public class EnemyScript : MonoBehaviour
{
  ...

  void Start ()
  {
```

```
    ...
  }
  void Update ()
  {
    ...
    if (transform.position.y <= -2)
    {
      ...
    }
    if (PlayerScript.missed >= 3)
    {
      Application.LoadLevel(2);
    }
  }
  public void SetPositionAndSpeed()
  {
    ...
  }
}
```

6. Execute o jogo e observe que, quando a vida do jogador = 0 ou quando os inimigos Perdidos = 3, é carregada a scene *LoseScene*. (**Veja a Figura 3.50**). Ao clicar no botão "Jogar Novamente?", é carregado a scene *Level1* e todas as variáveis são zeradas.

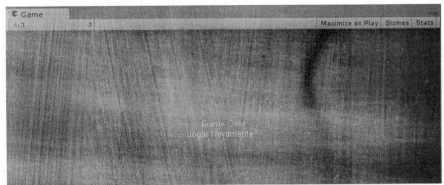

Figura 3.50 – Scene LoseScene

A classe *Application* contém métodos estáticos para procurar informações e controlar os dados em tempo de execução. *LoadLevel* é usado para carregar cenas por índice. Para ver os índices de todas as scenes, vá ao menu *File* -> *Build Setting*.

3.19 Desenvolvendo a Cena WinScene

Nesta parte será construído a cena WinScene. Essa cena será mostrada quando o jogador ganhar o jogo.

1. Crie um novo script com o nome de *"WinScript"*.(Lembre-se de alterar o nome da classe).

2. Retorne ao *Unity 3D*, abra a scene *WinScene* e mova *WinScript* para *MainCamera* na janela *Hierarchy*.

3. Abra o script WinScript e adicione o código como a **Listagem 3.36** .

Listagem 3.36– Script WinScript.cs (Informações na scene WinScene)

```
public class WinScript : MonoBehaviour {

    private int buttonWitdh = 200;
    private int buttonHeight = 50;

    void OnGUI()
    {
        if (GUI.Button(new  Rect(Screen.width  /  2  -  buttonWitdh  /  2,
Screen.height / 2 - buttonHeight / 2, buttonWitdh, buttonHeight), "Voce venceu\
nJogar Novamente?"))
        {
            PlayerScript.scores = 0;
            PlayerScript.lives = 3;
            PlayerScript.missed = 0;
            Application.LoadLevel(1);
        }
    }

}
```

4. Abra o script *Fire1Script* e altere o código como na **Listagem 3.37**.

Listagem 3.37– Script Fire1Script.cs (Carregando a scene WinScene se a pontuação for maior que mil pontos)

```
public class Fire1Script : MonoBehaviour {

    ...

    void Start ()
    {
```

```
    }
    void Update ()
    {
        ...
    }
    void OnTriggerEnter(Collider otherObject)
        {
            if (otherObject.tag == "enemy")
            {
                ...
                PlayerScript.scores += 100;

                if (PlayerScript.scores >= 1000)
                {
                    Application.LoadLevel(3);
                }
            }

        }
}
```

5. Execute e observe que ao completar 1000 pontos, a scene *WinScene* irá abrir. (**Veja a Figura 3.51**). Ao clicar no botão "Jogar Novamente?", é carregado a scene *Level1* e todas as variáveis são zeradas.

Figura 3.51 – Scene WinScene

3.20 Plano de Fundo para as Scenes

Nesta parte será adicionado um fundo para as scenes WinScene, LoseScene e Level1 , deixando estes mais atraentes.

1. Crie uma pasta com o nome de *"Textures"*. É nessa pasta que estarão todas as texturas utilizadas no projeto.

2. Copie todas as texturas do DVD para a pasta *Textures* do seu jogo. (Veja os vídeos de criação de texturas).

3. Retornando ao *Unity 3D*, vá ao *MainMenuScript* e altere o código como na **Listagem 3.38** .

Listagem 3.38– Script MainMenuScript.cs (Plano de fundo para MainMenu)

```
public class MainMenuScript : MonoBehaviour {

    ...
    //private int buttonWitdh = 200;
    //private int buttonHeight = 50;
    public Texture backgroundTexture;


    void Start ()
    {
    }

    void Update ()
    {
    }

    void OnGUI()
    {
        GUI.DrawTexture(new    Rect(0,    0,    Screen.width,    Screen.height),
backgroundTexture);
        GUI.Label(new Rect(10, 10, 200, 200), instructionText);
        if (Input.anyKeyDown)
            Application.LoadLevel(1);
    }
}
```

4. Ao terminar de alterar o código, abra a scene *MainMenuScene*. Na janela *Hierarchy*, selecione *MainCamera* e na janela *Inspector*, no componente *Script*, arraste a textura *MainMenuTexture* para o parâmetro *Background Texture*. (**Veja a Figura 3.52**).

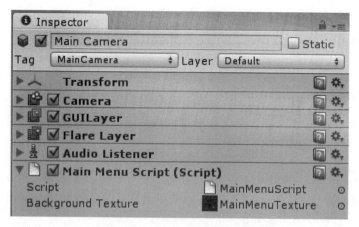

Figura 3.52 – Scene MainMenuScene

DrawTexture é utilizado para desenhar uma textura em um retângulo.

5. Execute o jogo e observe que o fundo da scene *MainMenuScene* possui uma textura. O botão foi removido, pois basta apertar qualquer tecla do teclado para executar o jogo (**Veja a Figura 3.53**).

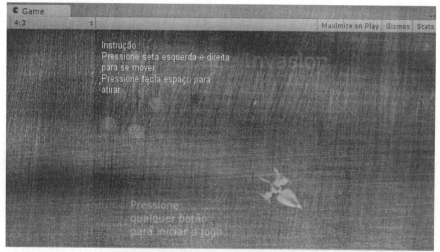

Figura 3.53 – Scene MainMenuScene com tela de fundo

Será alterado a *scene LoseScene*. Abra o script *LoseScript* e altere como na **Listagem 3.39**.

Listagem 3.39– Script LoseScript.cs (Plano de fundo para LoseScene)

```
public class LoseScript : MonoBehaviour {

    //private int buttonWitdh = 200;
    //private int buttonHeight = 50;
    public Texture backgroundTexture;

    void OnGUI()
    {
        GUI.DrawTexture(new   Rect(0,   0,   Screen.width,   Screen.height), backgroundTexture) ;

        if (Input.anyKeyDown)
        {
          PlayerScript.scores = 0;
          PlayerScript.lives = 3;
          PlayerScript.missed = 0;
          Application.LoadLevel(1);
        }

    }

}
```

6. Ao terminar de alterar o código, abra a scene *LoseScene*. Na janela *Hierarchy*, selecione *MainCamera* e na janela *Inspector*, no componente *Script*, arraste a textura *LoseTexture* para o parâmetro *Background Texture*.

7. Execute e observe que ao perder o jogo, a scene *LoseScene* aparecerá com plano de fundo.(**Veja a Figura 3.54**).

Figura 3.54 – Scene LoseScene com tela de fundo

98 | Desenvolvendo Games Com Unity 3D

8. Para finalizar, será alterada a scene *WinScene*. Abra o script *WinScript* e altere como na **Listagem 3.40**.

Listagem 3.40– Script WinScript.cs (Plano de fundo para WinScene)

```
public class WinScript : MonoBehaviour {

    //private int buttonWitdh = 200;
    //private int buttonHeight = 50;
    public Texture backgroundTexture;

    void OnGUI()
    {
        GUI.DrawTexture(new  Rect(0,  0,  Screen.width,  Screen.height),
backgroundTexture) ;

        if (Input.anyKeyDown)
        {
          PlayerScript.scores = 0;
          PlayerScript.lives = 3;
          PlayerScript.missed = 0;
          Application.LoadLevel(1);
        }

    }

}
```

9. Ao terminar de alterar o código, abra a scene *WinScene*. Na janela *Hierarchy,* selecione *MainCamera* e na janela *Inspector,* no componente *Script*, arraste a textura *WinTexture* para o parâmetro *Background Texture*.

10. Execute e observe que ao ganhar o jogo, a scene *WinScene* aparecerá com plano de fundo.(**Veja a Figura 3.55**).

Figura 3.55 – Scene WinScene com tela de fundo

3.21 Criando um Fundo que dará Impressão de Movimento

Nesta parte será criado um fundo que dará impressão de movimento.

1. Selecione *Level1* e crie um plane, para isto vá ao menu GameObject -> Create Other -> Plane .

2. Mude o nome para "*Star*".

3. Altere as coordenadas Position X, Y, Z = 0, 4, 1, Rotation X = 270 e Scale X, Y, Z = 1.5, 1.5, 1.5 . Dessa forma o plano irá aparecer na câmera e tomará todo o espaço. (**Veja a Figura 3.56**).

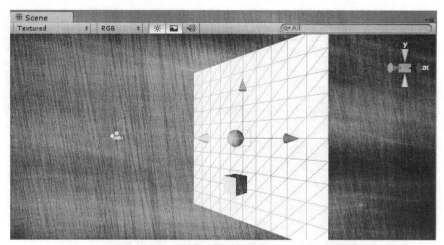

Figura 3.56 – Plane adicionado no ambiente

4. Crie um novo material e coloque o nome para "*StarMaterial*". Arraste o material para *Star*.

5. Adicione na pasta do jogo a textura *SpaceTexture* . Caso use a versão 2.6 da Unity 3D, selecione a textura e na janela Inspector, desative o parâmetro *GENERATE MIP MAPS* e clique em Apply. (**Veja a Figura 3.57**).

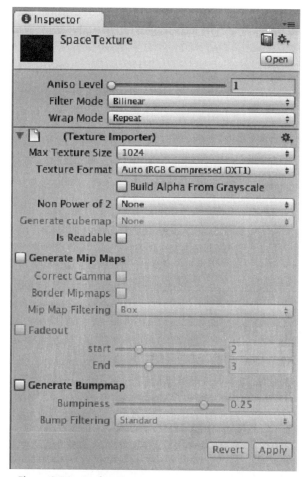

Figura 3.57 – Parâmetro *Generate Mip Maps* desativado

Mip Maps são as menores versões da textura que geralmente é usado quando a textura é muito pequena na tela.

6. Crie um script chamado *"StarScript"* ,arraste-o para *Star* e adicione o código como na **Listagem 3.41** . (Lembre-se de alterar o nome da classe).

Listagem 3.41– Script StarScript.cs (Plano movimentando para trás)

```
public class StarScript : MonoBehaviour {

    public float speed;

    void Start ()
    {
    }

    void Update ()
    {
        float amtToMove = speed * Time.deltaTime ;
        transform.Translate(Vector3.down * amtToMove);
    }
}
```

7. Selecione *Star* e na janela *Inspector*, no parâmetro *speed*, coloque o valor = 1.

8. Execute e observe que o plano anda para trás. No caso desse jogo, o correto seria andar para baixo, dando a impressão de movimento no espaço, para isso usa-se *Space.Word* para aplicar a transformação do sistema em relação a coordenada do ambiente.(**Veja a Figura 3.58**).

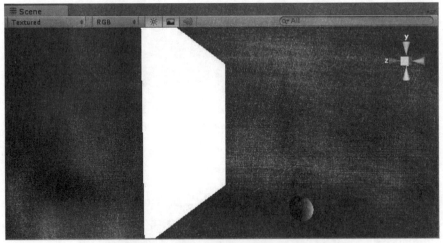

Figura 3.58 – Plano movimentando para trás

9. Será desenvolvido um recurso que quando o plano chegar a uma determinada posição ele recomece em cima em uma posição. Altere o código como na **Listagem 3.42**.

Listagem 3.42– Script StarScript.cs (Plano movimentando para baixo)

```
public class StarScript : MonoBehaviour {

    public float speed;

    void Start ()
    {
    }
    void Update ()
    {
       float amtToMove = speed * Time.deltaTime ;
       transform.Translate(Vector3.down * amtToMove,Space.World);

       if (transform.position.y < -8.5)
       {
       transform.position = new Vector3(transform.position.x, 1.5f, transform.position.z);
       }
    }
}
```

Execute e observe que o plano estará descendo até chegar à coordenada y = -8.5 e depois o plano retornará a coordenada y = 1.5.(**Veja a Figura 3.59**).

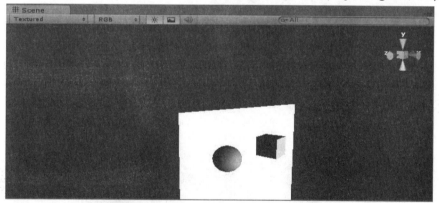

Figura 3.59 – Plano movimentando para baixo

10. Será criado um segundo plano para ser utilizado no jogo com a mesma finalidade que possui a primeira. Para isso cole o plano criado anteriormente e suba até que ele se adapte corretamente com o primeiro. (**Veja a Figura 3.60**).

Figura 3.60 – Plano duplicado

11. Selecione Star e na janela *Inspector*, no componente Material, arraste *SpaceTexture* para o quadradinho de *texture*. (**Veja a Figura 3.61**).

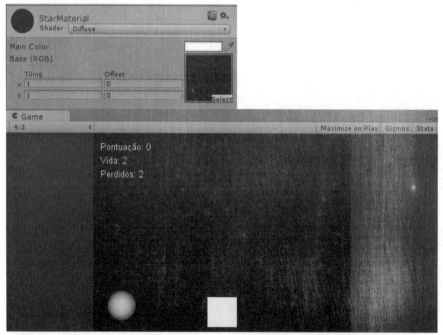

Figura 3.61 – Plano duplicado com textura

12. Altere o código do script *StarScript* como na **Listagem 3.43**.

Listagem 3.43– Script StarScript.cs (Dois planos movimentando para baixo)

```
public class StarScript : MonoBehaviour {

    ...

    void Start ()
    {
    }

    void Update ()
    {
        ...
        if (transform.position.y < -8.5)
        {
        transform.position = new Vector3(transform.position.x, 15f, transform.
position.z);
        }
    }
}
```

13. Execute observe o resultado.

3.22 Melhorando o Jogador

Nesta parte, será substituído o quadrado por uma nave espacial. A nave espacial utilizada foi criada por mim usando o software 3D Studio Max. (Veja o vídeo Criando Nave Espacial.avi).

Nota: O formato de todos os modelos utilizados no Unity 3D é em FBX.

1. No *Unity 3D*, crie uma pasta chamada *"Models"* e adicione o arquivo SpaceShip e a pasta Materials, que se encontra no DVD.

2. Apague o *GameObject Player*.

3. Arraste *SpaceShip* para o ambiente. Na janela *Inspector*, altere Transform X, Y, Z = 0, 0.5, 0.

4. Na janela Inspector, altere Rotation X, Y, Z = 0, 180, 90. (A nave ficará como a **Figura 3.62**).

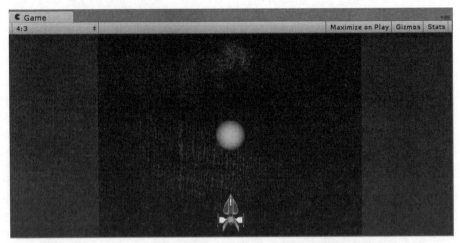

Figura 3.62 – Nave posicionada

5. Na janela Inspector, apague o componente Animation. (Se aparecer a tela "Losing Prefab", clique em Continue para continuar).

6. Vá ao menu *Component* -> *Physics* -> *Rigidbody*. No componente Rigidbody, desative o parâmetro *Use Gravity* e ative *is Kinematic*.

7. Vá ao menu *Component* -> *Physics* -> *Mesh Colider*. No componente *Mesh Collider*, ative o parâmetro *Is Trigger*.

8. Selecione o script *PlayerScript* e arraste em *SpaceShip*.

9. No componente Script, altere o parâmetro player Speed = 10. Arraste *Fire1Prefab* para o parâmetro *Fire1Prefab* e arraste *ExplosionPrefab2* para o parâmetro *ExplosionPrefab*. (O resultado final da configuração dos passos pode ser visto na **Figura 3.63**).

Capítulo 3 - Desenvolvimento do Jogo | 107

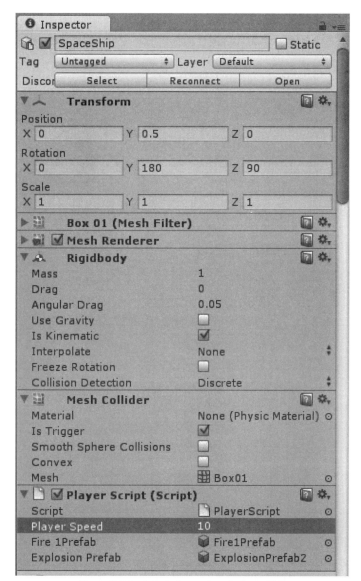

Figura 3.63 – Janela Inspector de SpaceShip

Uma vez que o modelo 3D é diretamente adicionado para o espaço, todo material utilizado em um programa de modelagem 3D é importado, não havendo necessidade de adicionar texturas à parte. (**Veja a Figura 3.64**).

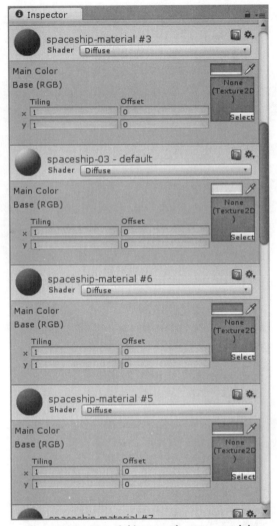

Figura 3.64 – Material importado com o modelo

O componente *Mesh Collider* é usado para detecção de colisão. Ele é muito mais preciso para detectar colisões de modelos 3D detalhados. A diferença de um *Box Collider* e *Mesh Collider* pode ser vista na **Figura 3.65**.

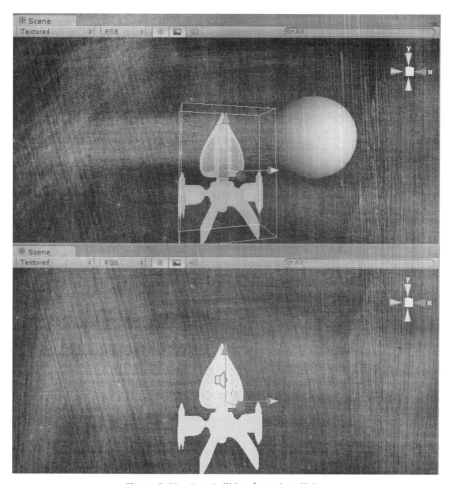

Figura 3.65 – Box Collider / Mesh Collider

10. Altere o script *PlayerScript* como na **Listagem 3.44**.

Listagem 3.44– Script PlayerScript.cs (Posição inicial do jogador)

```
public class PlayerScript : MonoBehaviour {

   ...

   void Start ()
   {
      transform.position = new Vector3(0,0.5f,transform.position.z);
   }

   void Update ()
```

110 | Desenvolvendo Games Com Unity 3D

```
    {
        ...
    }

    void OnGUI()
    {
        ...
    }

    void OnTriggerEnter(Collider otherObject)
    {
        ...
    }

    IEnumerator DestroyShip()
    {

    }

}
```

11. Execute e observe o funcionamento do jogo.

Perceba que ao atirar, o tiro sai de dentro da nave, o que estaria incorreto. O certo seria sair na ponta da nave. Para a correção desse erro, abra o script *PlayerScript* e mude o código como na **Listagem 3.45**.

Listagem 3.45– Script PlayerScript.cs (Posicionando o tiro ao sair da nave)

```
public class PlayerScript : MonoBehaviour {

    ...
    public static int missed = 0;
    private float fire1Offset = 1.2f;

    void Start ()
    {
        transform.position = new Vector3(0,0.5f,transform.position.z);
    }

    void Update ()
    {
        ...
        if (Input.GetKeyDown("space"))
        {
            Vector3 position = new Vector3(transform.position.x, transform.
position.y + fire1Offset);
            Instantiate(Fire1Prefab,position,Quaternion.identity);
        }
```

```
}

void OnGUI()
{
  ...
}

void OnTriggerEnter(Collider otherObject)
{
  ...
}

IEnumerator DestroyShip()
{

}

}
```

12. Execute e observe que ao atirar, o tiro sairá da ponta ou um pouco acima.

Você deve ter percebido que as setas do teclado, usadas para movimentação, estão funcionando de uma forma diferente. Se você apertar para cima e para baixo, a nave irá andar para direita e para esquerda. Do mesmo modo que apertar para direita e para esquerda, a nave irá subir e descer. Isso acontece porque, ao exportar a nave usando o programa *3D Studio Max,* o eixo usado pelo programa é diferente do eixo usado na engine *Unity 3D.* Ou seja, o que era X e Y no *3D Studio Max,* virou Y e X no *Unity 3D.* Para corrigir esse erro, altere o código fonte do script PlayerScript como na **Listagem 3.46** .

Listagem 3.46– Script PlayerScript.cs (Mudando os eixos)

```
public class PlayerScript : MonoBehaviour {

  ...

  void Start ()
  {
    ...
  }

  void Update ()
  {
```

```
        float amtToMove = Input.GetAxisRaw("Vertical") * playerSpeed * Time.
deltaTime;
        float amtToMove2 = Input.GetAxisRaw("Horizontal") * playerSpeed * Time.
deltaTime;
        ...
    }

    void OnGUI()
    {
      ...
    }

    void OnTriggerEnter(Collider otherObject)
    {
      ...
    }

    IEnumerator DestroyShip()
    {

    }

}
```

3.23 Melhorando o Inimigo

Nesta parte, será substituída a bola por um asteroide. O asteroide utilizado foi criado por mim usando o software 3D Studio Max. (Veja o vídeo "Criando Asteróides.avi").

1. Adicione na pasta *Models* o arquivo Asteroid.fbx que se encontra no DVD.

2. Selecione *Enemy*, e na janela *Inspector*, no componente *Mesh Filter*, no parâmetro *Mesh*, selecione *Asteroid*.

3. Observe que o asteroide será adicionado, mas estará muito pequeno. Para arrumar o tamanho, selecione o modelo *Asteroid* e na janela *Inspector*, no componente *FBXImporter*, no parâmetro *Scale Factor*, coloque o valor 0.05 e clique no botão Apply.

4. Analise que o asteroide ficará maior. Se você desejar aumentar ou diminuir o tamanho do asteroide, altere novamente o parâmetro *Scale Factor*.

5. Vamos configurar a colisão do asteróide. No componente *Sphere Collider* clique com o botão direito e clique em Reset.

6. Mude a cor da textura para cinza ou outra cor de sua preferência.

7. Execute e veja o funcionamento (**Veja a Figura 3.66**).

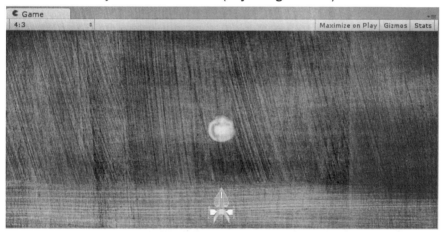

Figura 3.66 – Asteroides em execução

Será criada uma funcionalidade muito interessante, fazendo que a esfera desça com tamanhos diferentes.

8. Altere o script *EnemyScript* como na **Listagem 3.47**.

Listagem 3.47– Script EnemyScript.cs (Inimigo descendo em diferentes escalas)

```
public class EnemyScript : MonoBehaviour {

    ...
    private float x, y, z;

    private float MinRotateSpeed = 60f;
    private float MaxRotateSpeed = 100f;

    private float MinScale = .6f;
```

114 | Desenvolvendo Games Com Unity 3D

```csharp
private float MaxScale = 2f;

private float currentRotateSpeed;

private float currentScaleX;
private float currentScaleY;
private float currentScaleZ;

void Start ()
{
   SetPositionAndSpeed();
}

void Update()
{
   ...
}

   public void SetPositionAndSpeed()
   {
       currentRotateSpeed = Random.Range(MinRotateSpeed, MaxRotateSpeed);

       currentScaleX = Random.Range(MinScale, MaxScale);
       currentScaleY = Random.Range(MinScale, MaxScale);
       currentScaleZ = Random.Range(MinScale, MaxScale);

       currentSpeed = Random.RandomRange(minSpeed, maxSpeed);

       x = Random.RandomRange(-6f, 6f);
       y = 10.0f;
       z = 0.0f;
       transform.position = new Vector3(x, y, z);
         transform.localScale = new Vector3(currentScaleX, currentScaleY,
currentScaleZ);
     }


}
```

9. Execute e observe que o asteróide cairá em diferentes tamanhos. (**Veja a Figura 3.67**).

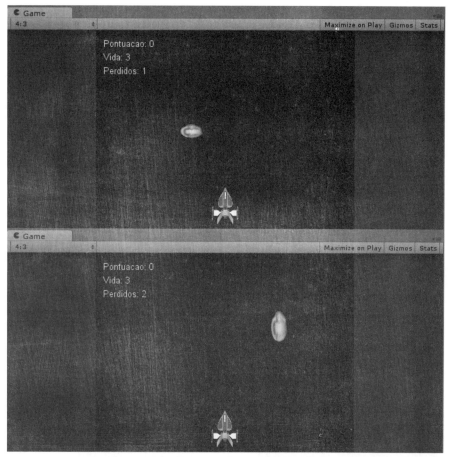

Figura 3.67 – Asteróides descendo em diferentes tamanhos

Será adicionada uma nova funcionalidade, fazendo o asteroide descer rodando.

10. Altere o script EnemyScript como na **Listagem 3.48**.

Listagem 3.48– Script EnemyScript.cs (Inimigo rotacionando de uma forma errada)

```csharp
public class EnemyScript : MonoBehaviour {

    ...

    void Start ()
    {
        ...
    }

    void Update()
    {
        float rotationSpeed = currentRotateSpeed * Time.deltaTime;
        transform.Rotate(new Vector3(-1, 0, 0) * rotationSpeed);

        float amtToMove = currentSpeed * Time.deltaTime;
        transform.Translate(Vector3.down * amtToMove);
        ...
    }

    public void SetPositionAndSpeed()
    {
        ...
    }


}
```

11. Execute e observe o resultado. Perceba que a rotação está ocorrendo, mas não na maneira que deve ser feita ao jogo. A transformação da rotação está sendo feita em relação ao sistema de coordenadas locais. (**Veja a Figura 3.68**).

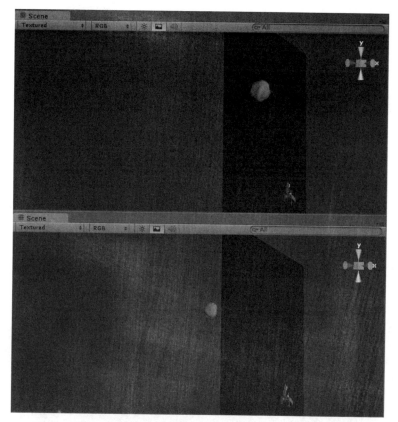

Figura 3.68 – Rotação em relação ao sistema de coordenada locais

12. Para corrigir esse problema, altere o código como na **Listagem 3.49**.

Listagem 3.49– Script EnemyScript.cs (Inimigo rotacionando da forma correta)

```
public class EnemyScript : MonoBehaviour {

  ...

  void Start ()
  {
    ...
  }

  void Update()
  {
   float rotationSpeed = currentRotateSpeed * Time.deltaTime;
   transform.Rotate(new Vector3(-1, 0, 0) * rotationSpeed);
```

```
        float amtToMove = currentSpeed * Time.deltaTime;
        transform.Translate(Vector3.down * amtToMove,Space.World);
        ...
    }

    public void SetPositionAndSpeed()
    {
        ...
    }

}
```

13. Execute e observe que agora está funcionando. Ao usar *Space.World* é aplicada a transformação da rotação em relação a coordenada do ambiente. (**Veja a Figura 3.69**).

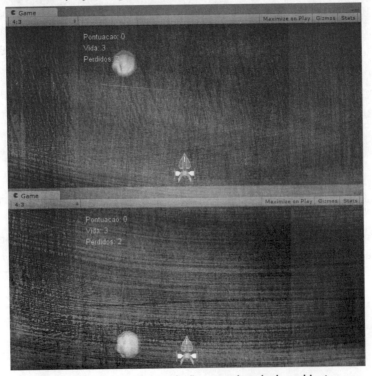

Figura 3.69 – Rotação em relação a coordenada do ambiente

3.24 Melhorando os Efeitos da Nave

Nesta parte será adicionado um efeito, fazendo que a nave fique invisível ao ser destruída.

1. Abra o script *PlayerScript* e altere o código como na **Listagem 3.50**.

Listagem 3.50– Script PlayerScript.cs (Efeito de invisibilidade quando o jogador for destruido)

```
public class PlayerScript : MonoBehaviour {

    enum State
    {
        Playing,
        Explosion,
        Invincible
    }

    private State state = State.Playing;

    public float playerSpeed;
    ...
    private float fire1Offset = 1.2f;

    private float ShipInvisibleTime = 1.5f ;
    private float shipMoveOnToScreenSpeed = 5;
    private float blinkRate = .1f;
    private int numberofTimesToBlink = 10;
    private int blinkCount;

    void Start ()
    {
        ...
    }

    void Update()
    {
        if (state != State.Explosion)
        {
            ...

            if (Input.GetKeyDown("space"))
            {
                Vector3 position = new Vector3(transform.position.x, transform.
position.y + fire1Offset);
                Instantiate(Fire1Prefab, position, Quaternion.identity);
            }
        }
```

```
    }

    void OnGUI()
    {
      ...
    }

    void OnTriggerEnter(Collider otherObject)
    {
      if (otherObject.tag == "enemy" && state == State.Playing)
      {
        PlayerScript.lives--;
        ...
      }
    }

    IEnumerator DestroyShip()
    {
      state = State.Explosion;
      Instantiate(ExplosionPrefab, transform.position, Quaternion.identity);
      gameObject.renderer.enabled = false;
      transform.position = new Vector3(0f, transform.position.y, transform.
position.z);
      yield return new WaitForSeconds(ShipInvisibleTime);

      ...

    }

}
```

2. Execute e observe o funcionamento.

Neste código foi utilizado *Enum*, que é utilizado para a enumeração de propriedades. No caso, temos três propriedades, ou três estados que a nave pode ter.

Observe que a nave ao ser destruídanão se move. Não se preocupe, porque isso é normal. Tal fato acontece porque quando a nave é destruída através da função *DestroyShip*, o estado da nave é mudado para *Explosion* e como na função *Update()* existe uma validação que só executa os comandos quando o estado for diferente do estado *Explosion*, a nave não mexe e nem atira.

Agora iremos fazer com que a nave ao ser destruída vá para baixo da tela e ande sozinho até a posição inicial na tela do jogo.

Capítulo 3 - Desenvolvimento do Jogo | 121

3. Altere o código como na **Listagem 3.51**.

Listagem 3.51– Script PlayerScript.cs (Nave percorre a uma posição ao ser destruida)

```
public class PlayerScript : MonoBehaviour {

    ...

    void Start ()
    {
      ...
    }

    void Update()
    {
      ...
    }

    void OnGUI()
    {
      ...
    }

    void OnTriggerEnter(Collider otherObject)
    {
       ...
    }

    IEnumerator DestroyShip()
    {
       ...
      gameObject.renderer.enabled = false;
      transform.position = new Vector3(0f, -2.5f , transform.position.z);
      yield return new WaitForSeconds(ShipInvisibleTime);

      if (PlayerScript.lives > 0)
      {
        gameObject.renderer.enabled = true;

        while (transform.position.y <= 0.5f)
        {
          float amtToMove = shipMoveOnToScreenSpeed * Time.deltaTime;
             transform.position = new Vector3(0f,transform.position.y +
amtToMove,transform.position.z);
            yield return 0;
        }

         state = State.Invincible;
      }
      Else
      {
```

122 | Desenvolvendo Games Com Unity 3D

```
    Application.LoadLevel(2);
  }

 }

}
```

4. Execute e observe que, ao colidir com o asteroide, a nave continuará funcionando, mas ficará invencível. Para terminarmos, altere o código como na **Listagem 3.52**.

Listagem 3.52– Script PlayerScript.cs (Finalização dos efeitos)

```
public class PlayerScript : MonoBehaviour {

  ...

  void Start ()
  {
    ...
  }

  void Update()
  {
    ...
  }

  void OnGUI()
  {
    ...
  }

  void OnTriggerEnter(Collider otherObject)
  {
      ...
  }

  IEnumerator DestroyShip()
  {
    ...

    if (PlayerScript.lives > 0)
    {
      gameObject.renderer.enabled = true;

      while (transform.position.y <= 0.5f)
      {
        float amtToMove = shipMoveOnToScreenSpeed * Time.deltaTime;
          transform.position = new Vector3(0f,transform.position.y +
```

Capítulo 3 - Desenvolvimento do Jogo | 123

```
amtToMove,transform.position.z);
            yield return 0;
        }
         state = State.Invincible;

        while (blinkCount < numberofTimesToBlink)
        {
          gameObject.renderer.enabled = !gameObject.renderer.enabled;

          if (gameObject.renderer.enabled == true)
          {
            blinkCount++;
          }
              yield return new WaitForSeconds(blinkRate);
        }

        blinkCount = 0;
        state = State.Playing;

    }
    Else
    {
      Application.LoadLevel(2);
    }
  }
}
```

3.25 Aumentando Dificuldade no Jogo

Nesta parte vamos incrementar a dificuldade do jogo.

1. Abra o script *Fire1Script* e digite o código como na **Listagem 3.53**.

Listagem 3.53– Script Fire1Script.cs (Aumentando dificuldade do jogo)

```
public class Fire1Script : MonoBehaviour {

    ...
    public GameObject ExplosionPrefab;
    private EnemyScript enemyScript;

    void Start ()
    {
            enemyScript    =    (EnemyScript)    GameObject.Find("Enemy").
GetComponent("EnemyScript");
    }

    void Update()
```

```
    {
       ...
    }

    void OnTriggerEnter(Collider otherObject)
    {
      if (otherObject.tag == "enemy")
      {
            //EnemyScript enemyScript = (EnemyScript)otherObject.gameObject.
GetComponent("EnemyScript");
            Instantiate(ExplosionPrefab, enemyScript.transform.position,
enemyScript.transform.rotation);
        enemyScript.minSpeed += 0.1f;
        enemyScript.maxSpeed += 0.5f;

        enemyScript.SetPositionAndSpeed();
        Destroy(gameObject);

        PlayerScript.scores += 100;

        if (PlayerScript.scores >= 1000)
        {
          Application.LoadLevel(3);
        }

      }
    }
```

Find é utilizado para encontrar um *GameObject* por nome e o retorna.

2. Execute e observe que à medida que acerta o asteroide, a velocidade dele vai aumentando.

3.26 Adicionando Música no Jogo

Nesta parte será adicionada uma música ao jogo.

1. Copie o arquivo "M*usic*" que se encontra no DVD para a pasta *Sounds*. (Essa música não é de minha autoria)

2. Abra a scene *Level1* e na janela *Hierarchy*, selecione *MainCamera*.

3. Vá ao menu *Component -> Audio -> Audio Source*. (**Veja a Figura 3.70**).

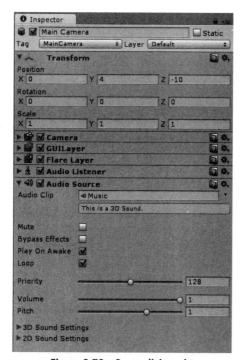

Figura 3.70 – Som adicionado

4. Habilite o parâmetro *Loop*, marcando a caixa de seleção. Aumente e diminua o volume do som como preferir.

5. Execute o jogo e ouça o som tocar.

Ao habilitar a caixa de seleção *Loop*, a música repetirá até que a scene *Level1* seja finalizada.

3.27 Adicionando um Segundo Projétil ao Jogador

Para finalizar o jogo, nesta parte será adicionado o ultimo recurso que dará à nave a opção de atirar outro tipo de tiro, quando fizer 1000 pontos. E ao mesmo tempo irá mostrar na tela o nível do jogador.

1. Abra o script *PlayerScript* e altere o código como a **Listagem 3.54**.

Listagem 3.54– Script PlayerScript.cs (Adicionando um segundo projétil ao jogador)

```
public class PlayerScript : MonoBehaviour {

    ...
    private int blinkCount;

    public static int typeFire =1 ;
    public static int levelPlayer = 1;


    void Start ()
    {
      ...
    }

    void Update()
    {
      ...
      if (Input.GetKeyDown("space"))
      {
        if (typeFire == 1)
        {
            Vector3 position = new Vector3(transform.position.x, transform.
position.y+0.3f + fire1Offset);
            Instantiate(Fire1Prefab, position, Quaternion.identity);
        }
        if (typeFire == 2)
        {
            Vector3 position = new Vector3(transform.position.x, transform.
position.y+0.3f + fire1Offset);
            Instantiate(Fire1Prefab, position, Quaternion.identity);

            Vector3 position2 = new Vector3(transform.position.x-0.7f, transform.
position.y + fire1Offset);
            Instantiate(Fire1Prefab, position2, Quaternion.identity);

            Vector3 position3 = new Vector3(transform.position.x+0.7f, transform.
position.y + fire1Offset);
            Instantiate(Fire1Prefab, position3, Quaternion.identity);
        }

      }

     }

    }

    void OnGUI()
    {
      ...
```

Capítulo 3 - Desenvolvimento do Jogo | 127

```
    GUI.Label(new Rect(10, 50, 80, 20), "Perdidos: " + PlayerScript.missed.
ToString());
        GUI.Label(new Rect(200, 10, 100, 20), "Level Jogador: " + PlayerScript.
levelPlayer.ToString());

    }

    void OnTriggerEnter(Collider otherObject)
    {
        ...
    }

    IEnumerator DestroyShip()
    {
        ...
    }

}
```

2. Abra o script Fire1Script e altere o código como na **Listagem 3.55**.

Listagem 3.55– Script Fire1Script.cs (Adicionando um segundo projétil ao jogador)

```
public class Fire1Script : MonoBehaviour {

    ...
    private EnemyScript enemyScript;
    private PlayerScript playerScript;

    void Start ()
    {
            enemyScript  =  (EnemyScript)  GameObject.Find("Enemy").
GetComponent("EnemyScript");
            playerScript  =  (PlayerScript)GameObject.Find("SpaceShip").
GetComponent("PlayerScript");

    }

    void Update()
    {
        ...
    }

    void OnTriggerEnter(Collider otherObject)
    {
        if (otherObject.tag == "enemy")
        {
            ...
```

```
        PlayerScript.scores += 100;

    if (PlayerScript.scores >= 1000)
    {
      PlayerScript.typeFire = 2 ;
      PlayerScript.levelPlayer = 2;

    }

    if (PlayerScript.scores >= 2000)
    {
      Application.LoadLevel(3);
    }

    }
  }
}
```

3. Abra o script WinScript e altere como na **Listagem 3.56**

Listagem 3.56– Script WinScript.cs (Adicionando um segundo projétil ao jogador)

```
public class WinScript : MonoBehaviour {

  //private int buttonWitdh = 200;
  //private int buttonHeight = 50;
  ...

  void OnGUI()
  {
    ...

    if (Input.anyKeyDown)
    {
      ...
      PlayerScript.missed = 0;
      PlayerScript.levelPlayer = 1;
      PlayerScript.typeFire = 1 ;
      Application.LoadLevel(1);
    }

  }

}
```

4. Abra o script LoseScript e altere como na **Listagem 3.57**

Listagem 3.57– Script LoseScript.cs (Adicionando um segundo projétil ao jogador)

```
public class LoseScript : MonoBehaviour {

  //private int buttonWitdh = 200;
  //private int buttonHeight = 50;
  ...

  void OnGUI()
  {
    ...

    if (Input.anyKeyDown)
    {
      ...
      PlayerScript.missed = 0;
      PlayerScript.levelPlayer = 1;
      PlayerScript.typeFire = 1;
      Application.LoadLevel(1);
    }

  }

}
```

5. Execute o jogo e observe que quando fizer 1000 pontos, o jogador estará atirando três tiros. (**Veja a Figura 3.71**).

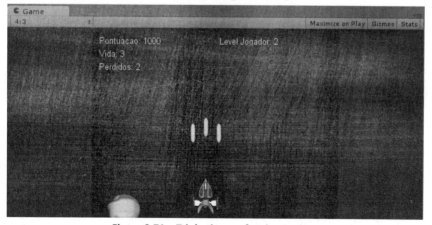

Figura 3.71 – Triplo tiro em funcionamento

Capítulo 4
Exportação do jogo

4 Exportação do Jogo

Neste capítulo será demonstrado como publicar o jogo criado para diferentes plataformas.

4.1 Exportando o Jogo

Uma vez que o jogo esteja completo, é o momento de publicá-lo para que milhares de jogadores possam jogá-lo. A *Unity 3D*, permite converter os jogos para diversos formatos, como *Iphone*, *Android*, *Web*, *Pc* e *Mac*. Neste livro serão trabalhados os formato PC e web.

1. Vá ao menu *File -> Build Setting*. (**Veja a Figura 4.1**).

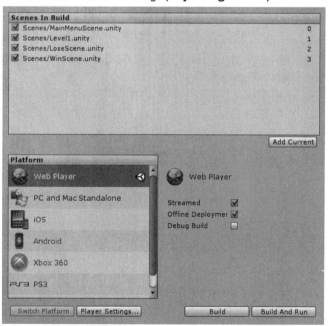

Figura 4.1 – Janela Build Setting

2. Observe que existem vários formatos que podem ser gerados. Selecione a opção Web Player e marque Offline Deployment e depois clique em *Build*.

Ao habilitar a caixa de seleção *Streamed*, o jogo dará suporte para ser jogado diretamente pela web, semelhante aos jogos de flash jogados on-line. No caso de selecionar Offline Deployment, o jogo poderá ser jogo off-line. Existe a possibilidade de dar suporte aos dois tipos, deixando as duas opções selecionadas.

3. Escolha o local aonde deseja salvar e digite o nome "*SpaceInvasion*". Clique em Salvar .

4. Se tudo ocorrer bem, serão gerados três arquivos (**Veja a Figura 4.2**).

Nome	Data de modificaç...	Tipo	Tamanho
UnityObject.js	26/09/2010 12:57	Arquivo de script ...	15 KB
WebPlayer.html	13/10/2010 16:03	Documento HTML	2 KB

Figura 4.2 – Executável do jogo para Web

5. Clique no arquivo WebPlayer.html e o jogo será executado em seu browser. (**Veja a Figura 4.3**).

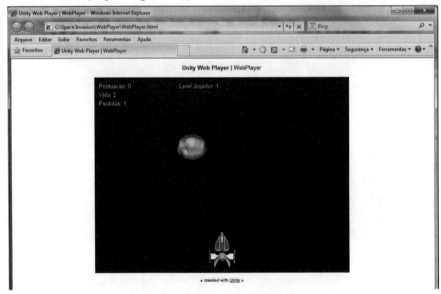

Figura 4.3 – Jogo executado no IE

Capítulo 4 - Exportação do jogo | 135

> **Nota:** É necessário ter instalado o Unity Web Player para executar o jogo.

6. Retorne a janela Build Setting e dessa vez, escolha *PC e MAC Standalone* e em Target Plataform, selecione Windows e clique em *Build*

7. Selecione o local aonde deseja salvar e digite o nome "*SpaceInvasion*" e clique em *Build*.

8. Se tudo ocorrer bem, será gerada uma pasta e um executável. (**Veja a Figura 4.4**).

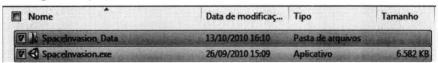

Figura 4.4 – Executável do jogo para ambiente Windows

9. Clique no arquivo *SpaceInvasion.exe* e aparecerá uma janela na qual é possível configurar a resolução, qualidade gráfica e as teclas. (**Veja a Figura 4.5**).

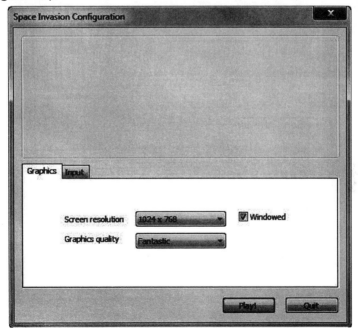

Figura 4.5 – Janela de configuração do jogo para ambiente Windows

10. Clique em Play para começar o jogo. (**Veja a Figura 4.6**).

Figura 4.6 – Jogo executado em ambiente Windows

Capítulo 5

Apêndice

5 Apêndice

Neste capitulo serão recomendados alguns sites e referencias bibliográficas que foram de grande ajuda no desenvolvimento deste livro.

5.1 Site sobre Computação Gráfica

www.3d4all.org

www.3dtotal.com

www.opengl.org

5.2 Sites sobre Unity 3D

www.unity3d.com

www.learnunity3d.com

5.3 Referências Bibliográficas

Bell, J. A. (2000). *Dominando o 3D Studio Max R3.* Ciência Moderna.

Goldstone, W. (2009). *Unity Game Development Essentials.* UK: PACKT PUBLISHING.

Capítulo 6

Listagem

Capítulo 6

Lorigem

6. Listagem

6.1 Listagem de Figuras

Figura 1.1 - Opções de downloads

Figura 1.2 – Tela de ativação

Figura 1.3 – Tipo de ativação

Figura 1.4 – Página para registro

Figura 1.5 – Licença autorizada

Figura 2.1 – Janelas da Unity 3D

Figura 2.2 – Janela Project

Figura 2.3 – Menu de criação de Assets

Figura 2.4 – Componente Transform

Figura 2.5 – Janela Inspector

Figura 2.6 – Janela Inspector com menu

Figura 2.7 – Janela Scene

Figura 2.8 – Janela Game com Stats ativado

Figura 2.9 – Ferramenta Transform Tools

Figura 2.10 – Janela Console

Figura 2.11 – Plano Cartesiano 2D

Figura 2.12 – Plano Cartesiano 3D

Figura 2.13 – Plano de Coordenadas Locais e Globais

Figura 2.14 – Ponto e Vetor

Figura 2.15 – Visão da Camera

Figura 3.1 – Tela de criação de projeto

Figura 3.2 – Tela de erro de escrita de arquivo

Figura 3.3 – Pastas do projeto

Figura 3.4 – Criação da pasta

Figura 3.5 – Capturando a cor de um ícone pelo Pick a Color

Figura 3.6 – Componente Camera

Figura 3.7 – Menu da janela game

Figura 3.8 – Criação do cubo

Figura 3.9 – Jogador com material adicionado

Figura 3.10 – Luz iluminando o jogador

Figura 3.11 – Erro de inserção de script a um GameObject

Figura 3.12 – Pasta do jogo

Figura 3.13 – Tela de conversão do Visual Studio 2010

Figura 3.14 – Script PlayerScript

Figura 3.15 – Componente Script

Figura 3.16 – Execução do jogo utilizando a Listagem 1

Figura 3.17 – Jogador desaparece da Camera

Figura 3.18 – GameObject Fire1

Figura 3.19 – Configuração do Rigidbody

Figura 3.20 – Componente Fire1Script anexado ao GameObject Fire1

FIGURA 3.21 – PARAMETROFIRE1SPEED

FIGURA 3.22 – TRÊS FIRE1PREFAB ADICIONADOS NO AMBIENTE

FIGURA 3.23 – PARÂMETRO FIRE1PREFAB

FIGURA 3.24 – SFXR

FIGURA 3.25 – PASTA SOUNDS

FIGURA 3.26 – FIRE1PREFAB – COMPONENTE AUDIO SOURCE

FIGURA 3.27 – PASSOS NA CRIAÇÃO DO ENEMY

FIGURA 3.28 – VELOCIDADE GERADA RANDOMICAMENTE

FIGURA 3.29 – CAPTURA DE POSIÇÕES DO INIMIGO

FIGURA 3.30 – COMPONENTE CAPSULE COLLIDER

FIGURA 3.31 – ADICIONADO TAG PARA ENEMY

FIGURA 3.32 – ESCOLHENDO A TAG ENEMY

FIGURA 3.33 – COLISÃO

FIGURA 3.34 – COMPONENTE SPHERE COLLIDER REMOVIDO APÓS A COLISÃO

FIGURA 3.35 – PARÂMETRO DE EXPLOSION

FIGURA 3.36 – PARÂMETRO DO FIRE1PREFAB

FIGURA 3.37 – EFEITO DE EXPLOSÃO EM FUNCIONAMENTO

FIGURA 3.38 – TEXTO DE PONTUAÇÃO NA TELA DO JOGO

FIGURA 3.39 – INCREMENTO DA PONTUAÇÃO AO ACERTAR INIMIGO

FIGURA 3.40 – COMPONENTE RIGIDBODY

FIGURA 3.41 – EXPLOSÃO EM FUNCIONAMENTO

FIGURA 3.42 – JOGADOR DESAPARECE E APARECE

FIGURA 3.43 – INIMIGOS PERDIDOS

FIGURA 3.44 – SCENES QUE FORAM CRIADOS

FIGURA 3.45 – SCENES ADICIONADAS NA JANELA BUILD SETTING

FIGURA 3.46 – OPÇÕES DE EXPORTAÇÃO

FIGURA 3.47 – JANELA INSPECTOR DE MAINMENUSCENE

FIGURA 3.48 – SCRIPT MAINMENU EM FUNCIONAMENTO

FIGURA 3.49 – BOTÃO NA SCENE MAINMENUSCENE

FIGURA 3.50 – SCENE LOSESCENE

FIGURA 3.51 – SCENE WINSCENE

FIGURA 3.52 – SCENE MAINMENUSCENE

FIGURA 3.53 – SCENE MAINMENUSCENE COM TELA DE FUNDO

FIGURA 3.54 – SCENE LOSESCENE COM TELA DE FUNDO

FIGURA 3.55 – SCENE WINSCENE COM TELA DE FUNDO

FIGURA 3.56 – PLANE ADICIONADO NO AMBIENTE

FIGURA 3.57 – PARÂMETRO *GENERATE MIP MAPS* DESATIVADO

FIGURA 3.58 – PLANO MOVIMENTANDO PARA TRÁS

FIGURA 3.59 – PLANO MOVIMENTANDO PARA BAIXO

FIGURA 3.60 – PLANO DUPLICADO

FIGURA 3.61 – PLANO DUPLICADO COM TEXTURA

FIGURA 3.62 – NAVE POSICIONADA

FIGURA 3.63 – JANELA INSPECTOR DE SPACESHIP

FIGURA 3.64 – MATERIAL IMPORTADO COM O MODELO

Figura 3.65 – Box Collider / Mesh Collider

Figura 3.66 – Asteroides em execução

Figura 3.67 – Asteroides descendo em diferentes tamanhos

Figura 3.68 – Rotação em relação ao sistema de coordenada locais

Figura 3.69 – Rotação em relação a coordenada do ambiente

Figura 3.70 – Som adicionado

Figura 3.71 – Triplo tiro em funcionamento

Figura 4.1 – Janela Build Setting

Figura 4.2 – Executável do jogo para Web

Figura 4.3 – Jogo executado no IE

Figura 4.4 – Executável do jogo para ambiente Windows

Figura 4.5 – Janela de configuração do jogo para ambiente windows

Figura 4.6 – Jogo executado em ambiente windows

6.2 Listagem de Código

Listagem 3.1 – Script PlayerScript.cs (Posição inicial do jogador)

Listagem 3.2 – Script PlayerScript.cs (Posição inicial do jogador)

Listagem 3.3 – Script PlayerScript.cs (Movimentação do jogador)

Listagem 3.4 – Script PlayerScript.cs (Movimentação do jogador com deltaTime)

Listagem 3.5 – Script PlayerScript.cs (Envolver o jogador)

Listagem 3.6 – Script Fire1Script.cs (Projétil percorrendo para cima)

148 | Desenvolvendo Games Com Unity 3D

LISTAGEM 3.7 – SCRIPT FIRE1SCRIPT.CS (PROJÉTIL SERA DESTRUÍDO)

LISTAGEM 3.8 – SCRIPT PLAYERSCRIPT.CS (LANÇANDO O PROJÉTIL)

LISTAGEM 3.9 – SCRIPT PLAYERSCRIPT.CS (LANÇANDO O PROJÉTIL SEGUINDO O JOGADOR)

LISTAGEM 3.10 – SCRIPT PLAYERSCRIPT.CS (ALINHANDO O TIRO COM O JOGADOR)

LISTAGEM 3.11 – SCRIPT ENEMYSCRIPT.CS (INIMIGO PERCORRE PARA BAIXO)

LISTAGEM 3.12 – SCRIPT ENEMYSCRIPT.CS (INIMIGO APARECE EM LUGARES DIFERENTES NA PARTE DE CIMA)

LISTAGEM 3.13 – SCRIPT ENEMYSCRIPT.CS (INIMIGO TRANSFERIDO PARA UMA POSIÇÃO NA PARTE SUPERIOR)

LISTAGEM 3.14 – SCRIPT ENEMYSCRIPT.CS (OTIMIZAÇÃO DO CÓDIGO)

LISTAGEM 3.15 – SCRIPT FIRE1SCRIPT.CS (COLISÃO)

LISTAGEM 3.16 – SCRIPT FIRE1SCRIPT.CS (COMPONENTE SPHERE COLLIDER É REMOVIDO)

LISTAGEM 3.17 – SCRIPT FIRE1SCRIPT.CS (INIMIGO É DESTRUIDO)

LISTAGEM 3.18 – SCRIPT FIRE1SCRIPT.CS (INIMIGO É MOVIDO PARA UM POSIÇÃO SUPERIOR)

LISTAGEM 3.19 – SCRIPT FIRE1SCRIPT.CS (INIMIGO É MOVIDO PARA POSIÇÕES DIFERENTES)

LISTAGEM 3.20 – SCRIPT FIRE1SCRIPT.CS (ACESSANDO UMA FUNÇÃO DE FORA)

LISTAGEM 3.21 – SCRIPT FIRE1SCRIPT.CS (PROJÉTIL DESAPARECERÁ AO ATINGIR O INIMIGO)

LISTAGEM 3.22 – SCRIPT FIRE1SCRIPT.CS (EFEITO DE EXPLOSÃO)

LISTAGEM 3.23 – SCRIPT PLAYERSCRIPT.CS (DEMONSTRAR PONTUAÇÃO E VIDA DO JOGADOR)

LISTAGEM 3.24 – SCRIPT FIRE1SCRIPT.CS (PONTUAÇÃO EM FUNCIONAMENTO)

LISTAGEM 3.25 – SCRIPT PLAYERSCRIPT.CS (VARIAVEL EXPLOSIONPREFAB)

LISTAGEM 3.26 – SCRIPT PLAYERSCRIPT.CS (EXPLOSÃO DO JOGADOR EM FUNCIONAMENTO)

LISTAGEM 3.27 – SCRIPT PLAYERSCRIPT.CS (JOGADOR DESAPARECE E APARECE EM UMA POSIÇÃO)

LISTAGEM 3.28 – SCRIPT PLAYERSCRIPT.CS (ASTEROIDES QUE FORAM DESTRUÍDOS)

LISTAGEM 3.29 – SCRIPT ENEMYSCRIPT.CS (ASTEROIDES QUE FORAM DESTRUÍDOS)

LISTAGEM 3.30– SCRIPT MAINMENUSCRIPT.CS (INFORMAÇÕES NA CENA PRINCIPAL)

LISTAGEM 3.31– SCRIPT MAINMENUSCRIPT.CS (BOTÃO NO MENU PRINCIPAL)

LISTAGEM 3.32– SCRIPT MAINMENUSCRIPT.CS (EXECUÇÃO DO BOTÃO)

LISTAGEM 3.33– SCRIPT LOSESCRIPT.CS (INFORMAÇÕES NA CENA LOSESCRIPT)

LISTAGEM 3.34– SCRIPT PLAYERSCRIPT.CS (CARREGANDO A CENA LOSESCENE SE A VIDA DO JOGADOR FOR MENOR QUE ZERO)

LISTAGEM 3.35– SCRIPT ENEMYSCRIPT.CS (CARREGANDO A CENA LOSESCENE SE OS ASTEROIDES PERDIDOS FOR MAIOR QUE TRÊS)

LISTAGEM 3.36– SCRIPT WINSCRIPT.CS (INFORMAÇÕES NA SCENE WINSCENE)

LISTAGEM 3.37– SCRIPT FIRE1SCRIPT.CS (CARREGANDO A SCENE WINSCENE SE A PONTUAÇÃO FOR MAIOR QUE MIL PONTOS)

LISTAGEM 3.38– SCRIPT MAINMENUSCRIPT.CS (PLANO DE FUNDO PARA MAINMENU)

LISTAGEM 3.39– SCRIPT LOSESCRIPT.CS (PLANO DE FUNDO PARA LOSESCENE)

LISTAGEM 3.40– SCRIPT WINSCRIPT.CS (PLANO DE FUNDO PARA WINSCENE)

LISTAGEM 3.41– SCRIPT STARSCRIPT.CS (PLANO MOVIMENTANDO PARA TRÁS)

LISTAGEM 3.42– SCRIPT STARSCRIPT.CS (PLANO MOVIMENTANDO PARA BAIXO)

LISTAGEM 3.43– SCRIPT STARSCRIPT.CS (DOIS PLANOS MOVIMENTANDO PARA BAIXO)

LISTAGEM 3.44– SCRIPT PLAYERSCRIPT.CS (POSIÇÃO INICIAL DO JOGADOR)

LISTAGEM 3.45– SCRIPT PLAYERSCRIPT.CS (POSICIONANDO O TIRO AO SAIR DA NAVE)

LISTAGEM 3.46– SCRIPT PLAYERSCRIPT.CS (MUDANDO OS EIXOS)

LISTAGEM 3.47– SCRIPT ENEMYSCRIPT.CS (INIMIGO DESCENDO EM DIFERENTES ESCALAS)

LISTAGEM 3.48– SCRIPT ENEMYSCRIPT.CS (INIMIGO ROTACIONANDO DE UMA FORMA ERRADA)

LISTAGEM 3.49– SCRIPT ENEMYSCRIPT.CS (INIMIGO ROTACIONANDO DA FORMA CORRETA)

LISTAGEM 3.50– SCRIPT PLAYERSCRIPT.CS (EFEITO DE INVISIBILIDADE QUANDO O JOGADOR FOR DESTRUIDO)

LISTAGEM 3.51– SCRIPT PLAYERSCRIPT.CS (NAVE PERCORRE A UMA POSIÇÃO AO SER DESTRUIDA)

LISTAGEM 3.52– SCRIPT PLAYERSCRIPT.CS (FINALIZAÇÃO DOS EFEITOS)

LISTAGEM 3.53– SCRIPT FIRE1SCRIPT.CS (AUMENTANDO DIFICULDADE DO JOGO)

LISTAGEM 3.54– SCRIPT PLAYERSCRIPT.CS (ADICIONANDO UM SEGUNDO PROJÉTIL AO JOGADOR)

LISTAGEM 3.55– SCRIPT FIRE1SCRIPT.CS (ADICIONANDO UM SEGUNDO PROJÉTIL AO JOGADOR)

LISTAGEM 3.56– SCRIPT WINSCRIPT.CS (ADICIONANDO UM SEGUNDO PROJÉTIL AO JOGADOR)

LISTAGEM 3.57– SCRIPT LOSESCRIPT.CS (ADICIONANDO UM SEGUNDO PROJÉTIL AO JOGADOR)

Guia Essencial para o 3D em Flash

Autor: Rob Bateman / Richard Olsson

360 páginas
1ª edição - 2011
Formato: 16 x 23
ISBN: 978-85-399-0003-9

O Guia essencial para 3D em Flash oferece uma introdução completa à criação de conteúdo 3D para o Adobe Flash. Os autores se concentraram no mecanismo de código aberto Away3D para ActionScript 3.0, nos exemplos do livro, embora a teoria coberta aqui seja aplicável a qualquer mecanismo de 3D para Flash.
Você começará pela configuração de um ambiente funcional usando as ferramentas de desenvolvimento em Flash de sua preferência. Depois disso, você será guiado através de todos os aspectos da programação em 3D no Flash, prestando atenção em particular às funcionalidades chaves disponíveis no poderoso mecanismo Away3D, incluindo modelos, materiais, texto, animação e interação. Você aprenderá a codificar vários tipos de conteúdo 3D a partir de código e a carregar conteúdo a partir de aplicações externas, como o Blender, o 3ds Max e o Maya. Ao longo do caminho, você animará e interagirá com esse conteúdo, o que lhe proporcionará um entendimento profundo do 3D em tempo real no Flash.

À venda nas melhores livrarias.

Programação em C para Windows

Autor: Eduard Montgomery Meira Costa

488 páginas
2ª edição - 2011
Formato: 16 x 23
ISBN: 978-85-399-0015-2

Este livro apresenta de uma forma simplificada e básica a programação para Windows utilizando a linguagem C, que é a mais simples, básica e necessária a todos que almejam aprender a programar computadores. Dessa forma, cada capítulo traz informações sobre os recursos, como a utilização do mouse com seus cliques direito, esquerdo, duplos, utilização de ícones, utilização de teclado, imagens na janela, memória, HD, impressora, menu, entre tantos outros recursos, com programas que apresentam a utilização dos recursos especificados, apresentando mais de uma forma, de modo a tornar clara a sua utilização. Os códigos dos programas são explicados e discutidos à luz da teoria apresentada no capítulo. Vários exercícios são propostos de forma que o leitor tente estruturar modificações nos códigos apresentados e aprender a direcionar seu potencial de programador para a solução de problemas específicos com a utilização dos recursos discutidos, até conseguir gerar seus próprios aplicativos. Dessa forma, com a estruturação dada neste livro, o leitor aprende facilmente a gerar aplicativos para Windows e a programação C, sendo um livro imprescindível a quem está nas áreas técnicas, especialmente áreas de engenharia, exatas e computação.

À venda nas melhores livrarias.

Impressão e Acabamento
Gráfica Editora Ciência Moderna Ltda.
Tel.: (21) 2201-6662